정통 프렌치 스타일 크로스 스티치

프랑스 야생화 자수

Le Langage des Fleurs
Copyright ⓒ Mango, Paris 2015
All rights reserved

No part of this book may be used or reproduced in any manner whatever without written permission,
except in the case of brief quotations embodied in critical articles or reviews.

Korean Translation Copyright ⓒ 2016 by JISIKINHOUSE Published by arrangement with Fleurus Editions,
through BC Agency, Seoul.

이 책의 한국어판 저작권은 BC 에이전시를 통한 저작권자와의 독점 계약으로 지식인하우스에 있습니다.
신 저작권법에 의해 한국 내에서 보호를 받는 저작물이므로 무단전재와 무단복제를 금합니다.

꽃의 속삭임을 수놓다

정통 프렌치 스타일 크로스 스티치

프랑스 야생화 자수

헬렌 르 베르 지음 | 장덕순 옮김 | 김숙현 감수

프롤로그

늘 저에게 영감을 주는 꽃은 제 자수 작품에 녹아 있습니다.

꽃이 없다면 삶은 모든 매력을 잃어버리게 되겠죠.

자수를 한 땀 한 땀 놓으며, 꽃의 또 다른 이름인 꽃말을 그림으로

표현하는 일은 저에게 큰 즐거움이었습니다.

꽃은 우리에게 사랑에 관해 이야기하고 많은 의미를 담은 비밀스런 메시지를 전합니다.

그리고 십자수로 이 모든 상징을 표현할 수 있다는 것이

얼마나 행복한지 모르겠습니다.

이 책의 도안을 만들면서 자수하는 사람들이 좋아할 만한 꽃 중에서

많이 재현되지 않았던 꽃들을 모아 보았습니다.

활짝 핀 꽃잎 장식에 달콤한 단어를 섞어 사랑에 빠진 이들의

가슴을 두근거리게 만들고 싶었습니다.

꽃다발을 선물하며 수줍어하는 소녀부터 이파리가 무성한 패밀리 트리,

빈티지한 느낌이 매력적인 우편엽서까지….

이 모든 메시지가 가슴으로 바로 전해져 여러분의 일상이

이 꽃들처럼 활짝 피었으면 합니다.

Hélène le Berre

차례

프롤로그 ----- 4

꽃의 속삭임을 담은 크로스 스티치
프랑스 야생화 자수
꽃병 속 클레마티스 ----- 10
아이리스를 든 소녀 ----- 12
행운의 꽃다발 ----- 14
사랑의 메시지 ----- 16
화장품 파우치 ----- 18
난초꽃을 든 소년 ----- 20
티타임의 아네모네 ----- 22
소중한 사람을 위한 장미 ----- 24
한련꽃 아틀리에 ----- 26
재봉틀 커버 ----- 28
개양귀비꽃을 든 소녀 ----- 30
오 어여쁜 양귀비꽃! ----- 32
에코 가방 ----- 34
은은한 모란 꽃다발 ----- 36
미모사 이파리 ----- 38

작은 식탁보 ----- 40
벚꽃 ----- 42
패밀리 트리 ----- 44
라벤더 하트 ----- 46
우편엽서 ----- 48
인동덩굴 화관 ----- 50
앙증맞은 미니 쿠션 ----- 52
사랑스런 미니 꽃병 ----- 54
야생화 알파벳 ----- 56

정통 프렌치 스타일 자수 도안 ----- 58

작품 제작 & 기법 ----- 84
스티치 레슨 ----- 86
작품의 기초 ----- 87
도구 & 클래식 원단 ----- 88
작품 제작 ----- 90

꽃병 속 클레마티스

LE GLOBE AUX CLÉMATITES

투명하고 아름다운 꽃병 안에서 화려한 색깔을 뽐내며
피어 있는 클레마티스를 수놓아봅니다.

클레마티스의 속삭임

사랑의 욕망을 상징하는 이 꽃은 뿌리가 땅에 깊게 내리고, 가지는 기어오르는 성질이 있어 마치 사랑을 쟁취하려 오르는 듯한 모습을 연상시킵니다. 클레마티스의 색깔은 아주 다양합니다. 흰색은 "제가 과연 당신의 마음을 움직이게 할 수 있을까요?", 파란색은 "언젠가는 당신의 시선이 나에게 머무를 거라고 확신해요."라는 의미입니다. 오래 전 클레마티스는 '거지 풀'이라고 불리기도 했습니다. 꽃이 피부에 닿으면 가려움증이 생기기 때문에 가난한 이들이 동정심을 유발하는 데 이용해서라고 합니다.

아이리스를 든 소녀

LA PETITE FILLE À L'IRIS

자수 속 소녀의 천사 같은 얼굴과 수줍어하는 몸짓을
좋아하지 않을 사람이 있을까요?
꽃을 든 소녀는 이 세상에서 가장 아름다운 선물을 주려는 듯합니다.

아이리스의 속삭임

반 고흐와 모네가 예찬했던 꽃, 아이리스는 고상함이 묻어나는 색깔과 자태로 우리를 매료시킵니다. 아이리스 꽃다발은 믿음과 다정함이 녹아 있는 무조건적이고 열정적인 사랑 고백을 뜻합니다.
아이리스는 사랑의 메신저이기 이전에 왕권의 상징이기도 했습니다. 클로비스 1세가 고트족 군대에게 포위당했을 때 늪에서 자라던 노란 아이리스가 도망칠 수 있는 길을 안내해 준 덕분에 목숨을 부지할 수 있었다고 합니다. 그리하여 프랑크 왕국의 첫 번째 왕은 이 꽃을 왕가의 문장으로 삼았습니다.

행운의 꽃다발
LE BOUQUET PORTE-BONHEUR

예쁜 물방울 무늬 리본으로 세련되게 장식된
이 꽃다발은 은방울꽃, 아네모네, 물망초, 데이지, 장미 꽃잎이
채워져 있는 멋진 자수 작품입니다.

은방울꽃의 속삭임

중세 시대부터 켈트족들은 은방울꽃을 행운의 상징으로 여겼습니다. 1561년 5월 1일 하얀색 은방울꽃을 선사 받은 샤를르 9세는 이를 전통으로 만들어, 매년 5월 1일 궁정의 여인들에게 이 꽃을 선물했습니다. 오늘날에도 4월 30일이 되면 은방울꽃 무도회가 열리는데, 이때 젊은 여성들은 흰색 옷을 입고 단추 구멍에 은방울 꽃잎을 달곤 합니다. 사랑하는 연인들의 꽃, 은방울꽃. 설령 무도회에서 커플이 이루어지지 않더라도 그건 중요하지 않습니다.

사랑의 메시지

LE MESSAGE DE L'AMOUR

고급스러운 꽃 문양의 자수를 통해 원단 위에
여러분의 열정을 수놓아 보세요.
어느 순간 사랑(Love)이란 단어가 완성될 겁니다.

카네이션의 속삭임

카네이션 하면 마치 볼륨 있는 원피스 자락이 스치듯이, 풍성한 꽃잎이 스치며 내는 산뜻한 소리가 들리는 것 같습니다. 빨간색 카네이션은 열정적 사랑, 장밋빛은 변함없는 사랑, 흰색은 순수한 사랑을 의미합니다. 하지만 이러한 명성에 걸맞지 않은 의미도 있습니다. 과거 프랑스 연극계에서 배우가 흰색 카네이션을 받는다는 것은 감독으로부터 계약 해지를 통보받았다는 뜻이었다고 합니다. 반면 남아 있는 사람들은 흰색 장미를 받았다고 하지요. 이렇듯 색깔에 대한 미신은 어디에나 존재하며 그걸 철썩 같이 믿는 사람들도 늘 있기 마련이지요.

화장품 파우치
LA TROUSSE À MAQUILLAGE

회색 원단에 수놓은 자수가 클래식하면서도 모던한 느낌의 아름다운 오브제 작품으로 재탄생합니다.
화장용품이나 작은 소품을 담는 세련된 파우치를 만들어 보세요.
설명 90~91페이지

난초꽃을 든 소년
LE PETIT GARÇON À L'ORCHIDÉE

달콤한 메시지와 함께 복고적인 매력이 가미된 이 작품은
학창 시절 누군가에게 선물하기 위해
꽃을 정성스럽게 고르던 장면을 떠오르게 합니다.

난초꽃의 속삭임

세상의 끝에나 있을 법한 신비의 꽃인 난초는 관능미가 넘치는 이상향의 여성을 상징합니다. 난초를 선물하는 것은 변치 않을 강렬한 감정을 표현하는 것입니다. 프랑스에서는 결혼 50주년을 기념하여 금혼식을 거행합니다. 2000년 전 몽환적인 이 꽃에 반한 공자는 이러한 말을 남기기도 했습니다. "선한 사람과 함께 있는 것은 마치 향기로운 난초가 가득한 방안에 들어간 것과 같다." 오래전 중국에서는 결혼을 앞둔 신부가 거주하던 곳을 '난초의 집'이라 불렀다고 합니다.

티타임의 아네모네

DES ANÉMONES À L'HEURE DU THÉ

시적인 정취가 물씬 풍겨 나는 이 자수를 보며 차 한 잔의 여유를 즐겨 보세요.
아네모네 꽃잎이 받치고 있는 찻잔 위로 어느새 나비들이 날아와 앉아
사랑에 빠진 이들을 맞이할 것만 같습니다.

아네모네의 속삭임

대부분의 꽃들이 사랑, 열정, 애정을 상징하는 반면에 아네모네에는 전혀 다른 의미가 있습니다. 아네모네 꽃다발을 받는 것은 결별, 남녀관계의 끝, 상대방의 감정에 대한 의심, 의문을 제기한다는 뜻입니다. 그럼 아네모네는 독이 든 사과인 걸까요? 물론 아닙니다. 끝이 있으면 새로운 시작이 있기 마련이고, 보다 달콤하고 더욱 완벽한 관계에 대한 희망이 기다리고 있으니까요.

소중한 사람을 위한 장미

DES ROSES POUR UN ÊTRE CHER

아롱아롱 빛나는 톤으로 꽃들의 여왕 장미를 수놓아 보세요.
이 작품을 특별한 누군가에게 선물하고 싶다면
'너에게'(À toi)라는 말을 잊지 마세요.

장미의 속삭임

장미는 그 색깔과 종류만큼 다양한 메시지를 전달합니다. 열정적 사랑, 달콤한 사랑, 관능적 사랑, 애절한 사랑, 영원한 사랑. 이처럼 장미의 종류는 굉장히 많고 색깔 톤, 꽃잎의 결, 향기에 따라 나름의 특색과 강한 의미를 내포하고 있습니다. 프랑스 조세핀 왕비는 백성에게 쏟을 열정을 이 꽃을 위해 바쳤습니다. 또 그리스와 로마 신화에서 백성들은 미의 여신 아프로디테(또는 비너스)에게 장미를 헌사했다고 합니다.

한련꽃 아틀리에

L'ATELIER AUX CAPUCINES

가루를 뿌린 듯한 색조와 따뜻한 톤이 돋보이는 자수로
여러분의 아틀리에, 혹은 방들을 꾸며 보세요.
작품에는 바느질 재료와 한련꽃이 조화롭게 섞여 있습니다.

한련꽃의 속삭임

흰색, 장밋빛, 오렌지색, 노란색, 빨간색, 보라색… 한련꽃에는 색깔만큼 다양한 사랑의 메시지가 담겨 있습니다. 순수하고 솔직한 감정에서부터 광적인 욕망, 불타오르는 사랑의 고백까지…. 태양왕 루이 14세가 괜히 이 꽃에 반한 것은 아니겠지요. 루이 14세의 정부였다가 후에 부인이 된 맹트농 후작 부인은 직접 한련꽃을 선물 받습니다. 맹트농 부인에 대한 불같은 사랑을 고백하기 위해 왕은 역시나 빨간색 꽃을 골랐다고 하네요.

재봉틀 커버

LA HOUSSE DE MACHINE À COUDRE

이 자수의 주요 테마인 재봉틀은 빈티지 느낌이 물씬 풍겨 만드는 재미를 더합니다.
재봉틀 커버를 만들어 나만의 개성 있는 공간을 꾸며 보세요.

설명 92페이지

개양귀비꽃을 든 소녀
LA PETITE FILLE AU COQUELICOT

전원에 핀 꽃을 직접 따와 누군가에게 선물한다는 것은 얼마나 즐거운 일일까요.
서정시와 같은 이 감동적인 장면을 수놓아 봅니다.

개양귀비꽃의 속삭임

프랑스에서 개양귀비는 결혼 8년차를 상징하는 꽃으로 민간에 전해져 왔습니다. 그러다 20세기에 이르러 세계대전 당시 영연방국 전투에 참여한 병사들의 기억과 맞물리면서 개양귀비는 수레국화, 데이지와 함께 프랑스를 상징하는 대표 식물로 자리 잡습니다. 개양귀비꽃은 전원에 피어 위안과 휴식을 떠올리게 합니다. 꽃말은 식어가는 열정을 뜻합니다.

오 어여쁜 양귀비꽃!

OH LE JOLI PAVOT!

'환희의 식물'이라고도 불리는 양귀비꽃의 자태는 탄성을 자아내게 합니다.
몇 안 되는 색으로도 그래픽적인 느낌이 나는 놀라운 작품이 탄생할 수 있습니다.

양귀비꽃의 속삭임

고대부터 양귀비는 최면, 진통, 마취 작용이 있는 것으로 알려져 왔습니다. 실제로 양귀비에서 아편을 추출하기도 합니다. 기원전 3천 년 전 기록에도 기쁨을 가져다 주는 식물로 언급된 바 있습니다. 그 효능을 전혀 몰랐던 그리스인들은 양귀비를 그저 잠을 상징하는 식물로 여겼습니다. 그래서일까요. 노인들이 건강 상태가 악화되면 양귀비 액을 삼켜 최후를 맞이하기도 했답니다. 양귀비의 꽃말이 왜 휴식, 망각, 꿈인지 이제 이해할 수 있겠죠.

에코 가방
LE CABAS

짙은 갈색의 리넨 원단 위에 수놓인 반짝이는 꽃이 눈부시게 아름답습니다.
이 가방을 들고 외출한다면 발걸음이 한결 가벼워 보이겠죠.

설명 93페이지

은은한 모란 꽃다발

UN TENDRE BOUQUET DE PIVOINES

상상을 초월하는 아름다움을 지닌 꽃, 모란꽃은 수놓는 사람들이
가장 선호하는 꽃 중에 하나일 겁니다.
회색 원단 위에 푸른색과 장밋빛 톤을 조합하여
매력적인 그림을 그리듯이 꽃을 수놓아 보세요.

모란꽃의 속삭임

중국의 전설에 자주 등장하는 모란꽃은 비교할 수 없는 아름다움으로 '꽃들의 여왕'이라 불리며 중국에서 사랑받고 있습니다. 이 꽃은 부귀와 성공을 상징합니다. 과거 황제의 궁은 만여 송이의 모란꽃으로 둘러싸여 있었다고 하지요. 사탕처럼 둥글고 도톰한 이 꽃은 보호를 상징하기도 하지만 때로는 수줍음을 나타내기도 합니다. 프랑스에는 '모란꽃처럼 얼굴이 새빨개지다' 라는 표현이 있답니다.

미모사 이파리

QUELQUES BRINS DE MIMOSA

천천히 한 땀 한 땀 수놓은 미모사 꽃을 지인들에게 선물하거나
여러분의 인테리어를 밝게 꾸미는 데 이용해 보세요.
이 멋진 작품을 더욱 빛내 줄 메시지와 함께 말이에요.

미모사의 속삭임

한겨울의 미모사는 감미로운 금색 방울술로 빛을 발합니다. 바닐라 향과 벌꿀 향도 그윽하게 퍼집니다. 미모사의 노란빛은 활기를 잃어 무기력해진 사랑에 에너지를 불어넣습니다. 미모사는 화려함, 고상함, 온화함, 플라토닉한 사랑을 나타냅니다.

작은 식탁보

LE SET DE TABLE

푸르스름한 원단 위에 화려하게 수놓인 이 작품은
미모사가 피어 있는 바닷가로 우리를 안내합니다.
식탁보는 만들기 아주 간단하면서
데코 효과가 아주 좋은 아이템입니다.
설명 94페이지

벚꽃

LE CERISIER EN FLEURS

고급스럽게 수놓은 이 작품으로 전원의 느낌을 가미해 보세요.
현관문에 멋진 문패로 만들면
우리 집을 찾는 손님들에게 멋진 초대장이 됩니다.

벚꽃의 속삭임

벚꽃이 피는 기간은 아주 짧습니다. 일본에서 '사쿠라'라고 불리는 이 꽃은 젊음과 부활의 상징입니다. 흰색이 섞여 있는 은은한 장밋빛 꽃잎 다섯 장이 개화하는 장면은 몇 주간 TV 화면에 생중계되기도 합니다.

패밀리 트리
L'ARBRE GÉNÉALOGIQUE

가족 구성원을 한눈에 알아볼 수 있는 특별한 가계도입니다.
찔레꽃과 데이지가 뒤얽혀 있는
이 작품에 가족의 이름을 넣어 인테리어에 활용해 보세요.
설명 94페이지

라벤더 하트

LE COEUR DE LAVANDE

약혼식이나 결혼식, 아니면 간단한 이벤트에 활용할 수 있는 라벤더 꽃잎으로 이루어진 하트를 만들어 봅니다. 알파벳이나 숫자를 이용해 본인에게 맞게 연출해 보세요. 쿠션으로도 만들 수 있습니다.

라벤더의 속삭임

대답 없는 사랑 고백에 라벤더는 "대답해 줘"라고 속삭입니다. 엷은 보라색 옷을 차려 입고 은은한 향기로 몸을 감싼 라벤더는 솔직한 우정을 나타내기도 합니다.

18세기 유럽에서 페스트가 유행했을 때 감염될 위험에도 끄떡없이 죽은 사람들의 집을 턴 네 명의 도둑이 있었습니다. 이들은 결국 붙들려 교수형을 당할 위기에 처하자 전염되지 않을 수 있었던 비결을 털어놓았습니다. 그것은 범죄를 저지를 때 라벤더 향료를 몸에 발랐기 때문이라네요.

우편엽서
LES CARTES POSTALES

'사랑해 줘!', '고마워', '영원히'… 마법을 일으키는 짧은 단어로 여러분의 마음을 고백해 보세요.
세련미 넘치는 이 엽서를 받는 사람은 얼마나 기분이 좋을까요.

설명 95페이지

인동덩굴 화관

LA COURONNE DE CHÈVREFEUILLE

인동덩굴꽃으로 만든 화관의 매력에 빠져 보세요.
아주 섬세하게 재현되어 있어 그 향기까지 맡을 수 있을 듯합니다.

인동덩굴꽃의 속삭임

인동덩굴꽃의 꽃말은 불멸의 사랑입니다. 오래전부터 프랑스 브르타뉴 지방의 젊은 여성들은 순결함의 표시로 구혼자의 집 문 앞에 인동덩굴 꽃다발을 가져다 놓았다고 합니다. 순결과 정절의 상징인 인동덩굴꽃은 변함없는 사랑을 표현합니다.

앙증맞은 미니 쿠션
LE PETIT COUSSIN

쿠션 주위를 두른 선이 살짝 낡은 느낌이 나면서도
빈티지한 느낌을 선보입니다.
바늘꽂이, 쿠션… 어떤 용도로 사용할지는
본인이 선택하기 나름입니다.

설명 95페이지

사랑스런 미니 꽃병

LES MINI BOUQUETS

작고 귀여운 꽃병들이 보는 즐거움을 선사합니다.
꽃병 안에 피어 있는 팬지, 데이지, 수레국화, 물망초, 라일락이
여러분을 작은 정원으로 초대합니다.

데이지의 속삭임

"그는 나를 사랑한다… 조금 사랑한다… 많이 사랑한다… 열렬히 사랑한다… 미치도록 사랑한다… 전혀 사랑하지 않는다." 프랑스에서 꽃잎으로 연애점을 칠 때 꽃잎을 따며 부르는 노래입니다. 꽃잎 점을 치는 연인들에 의해 얼마나 많은 흰색 데이지의 이파리가 떨어져 나갔을까요. 지칠 줄 모르고 반복되는 이 노래의 리듬에 맞춰 한 잎 두 잎 떼다 보면 데이지는 금세 황금빛 심장만이 남습니다. 전원에서 자라는 이 꽃은 사과나무 옆, 녹색 풀 위에서 순수와 순결(데이지의 꽃말)을 퍼뜨리며 시들어 갑니다.

야생화 알파벳

L'ABÉCÉDAIRE AUX FLEURS SAUVAGES

충분한 시간을 들여 알파벳 전체를 수놓을 수도 있고,
이름, 이니셜, 달콤한 단어에 들어갈 몇 개의 문자만 선택할 수도 있습니다.
알파벳과 숫자를 결합하고 싶다면
책의 도안 파트에 나와 있는 숫자판을 참고해 보세요.

A B C D E F G
H I J K L M N
O P Q R S T U
V W X Y Z

일러두기
1. 박음질(1겹)이 필요한 번호는 도안 하단에 따로 표기해 두었습니다.
2. 영문으로 Blanc는 흰색, Écru는 베이지색 실을 뜻합니다.

정통 프렌치 스타일 자수 도안

꽃병 속 클레마티스 11페이지 사진

*박음질(1겹) 3371, 791, 3820, 333, 646

648	973	3371 꽃잎 윤곽 및 문장	3743	791	
646	3820	326	644	333	
746	165	956	964	646 유리병 윤곽 & 받침	
Blanc	904	957	606		
970	906	963	155		

60

아이리스를 든 소녀 13페이지 사진

*박음질(1겹) 333, 646, 950, 3371

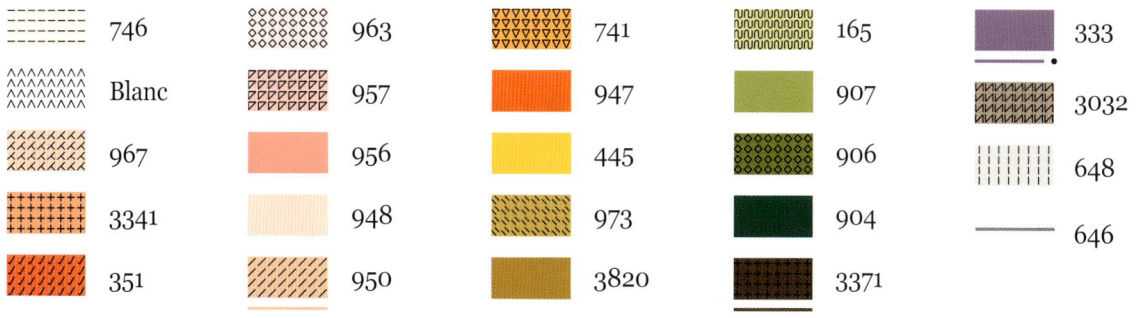

	746		963		741		165		333
	Blanc		957		947		907		3032
	967		956		445		906		648
	3341		948		973		904		646
	351		950		3820		3371		

61

행운의 꽃다발 15페이지 사진

*박음질(1겹) 646, 3371

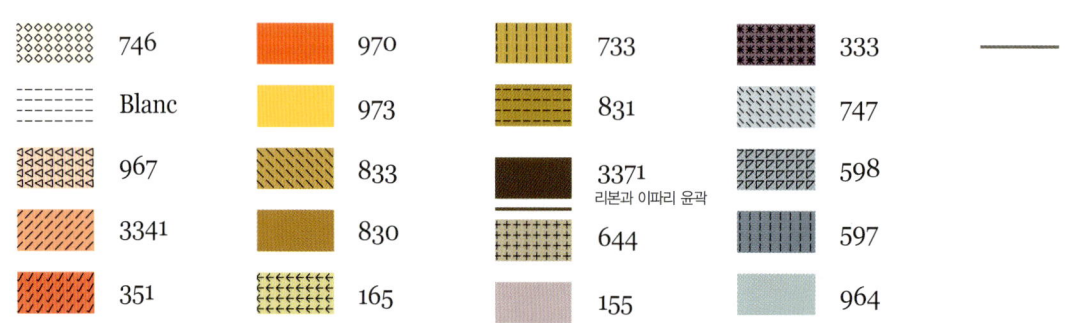

	746		970		733		333	——	646 꽃 윤곽
	Blanc		973		831		747		
	967		833		3371 리본과 이파리 윤곽		598		
	3341		830		644		597		
	351		165		155		964		

사랑의 메시지 17~19페이지 사진

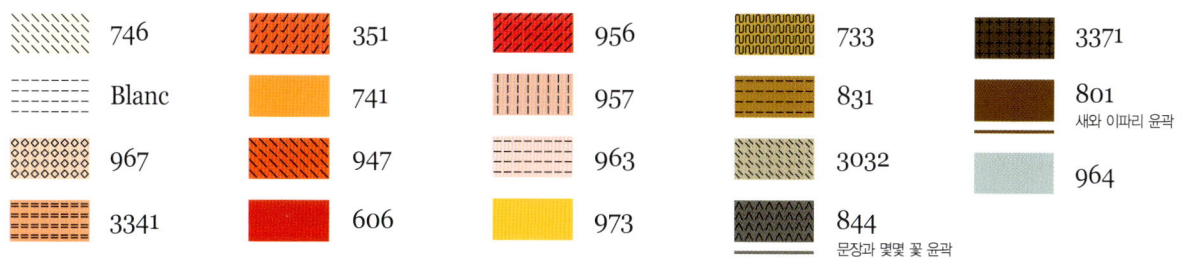

*박음질(1겹) 801, 844

746	351	956	733	3371	
Blanc	741	957	831	801 새와 이파리 윤곽	
967	947	963	3032	964	
3341	606	973	844 문장과 몇몇 꽃 윤곽		

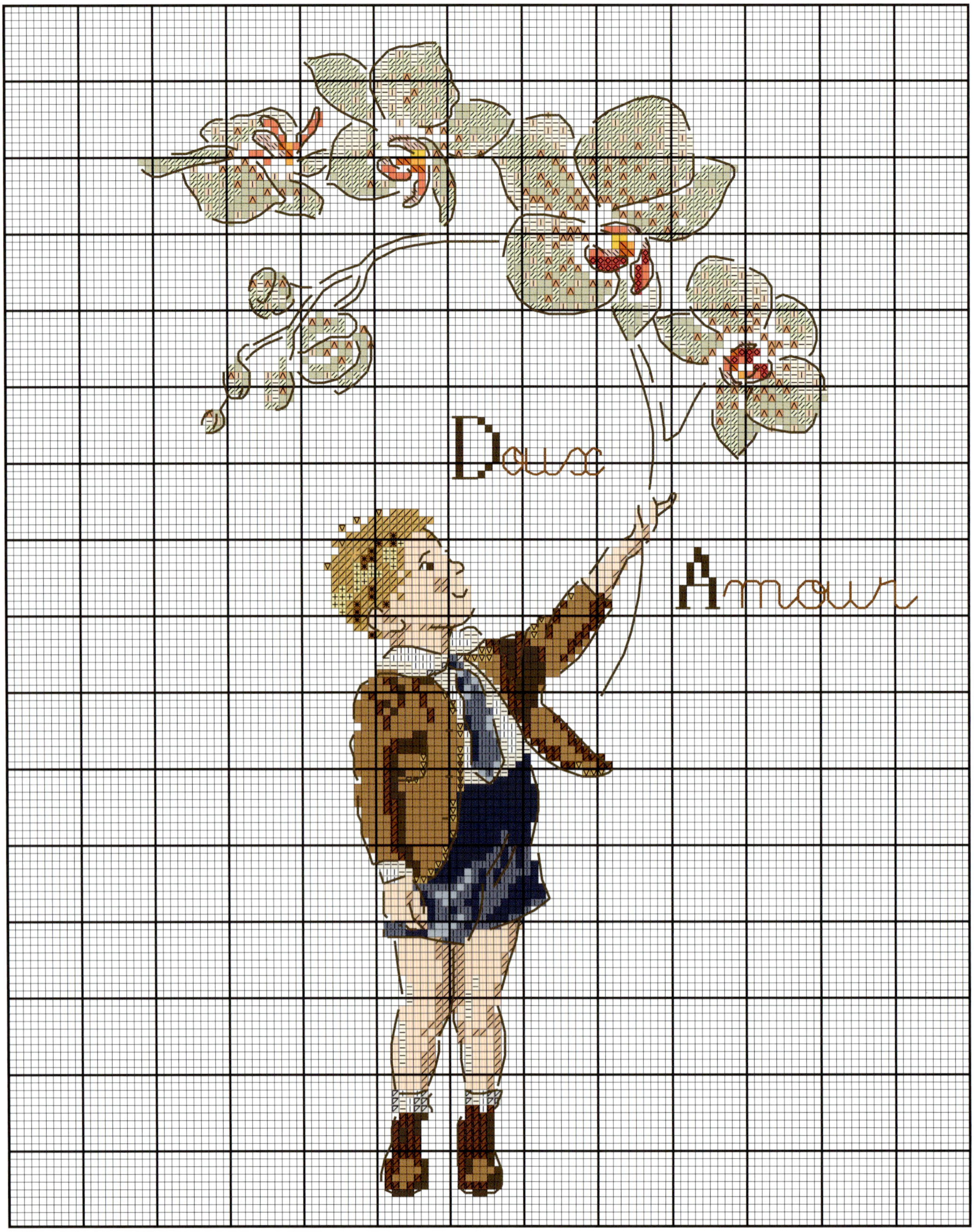

난초꽃을 든 소년 21페이지 사진

*박음질(1겹) 3371, 938

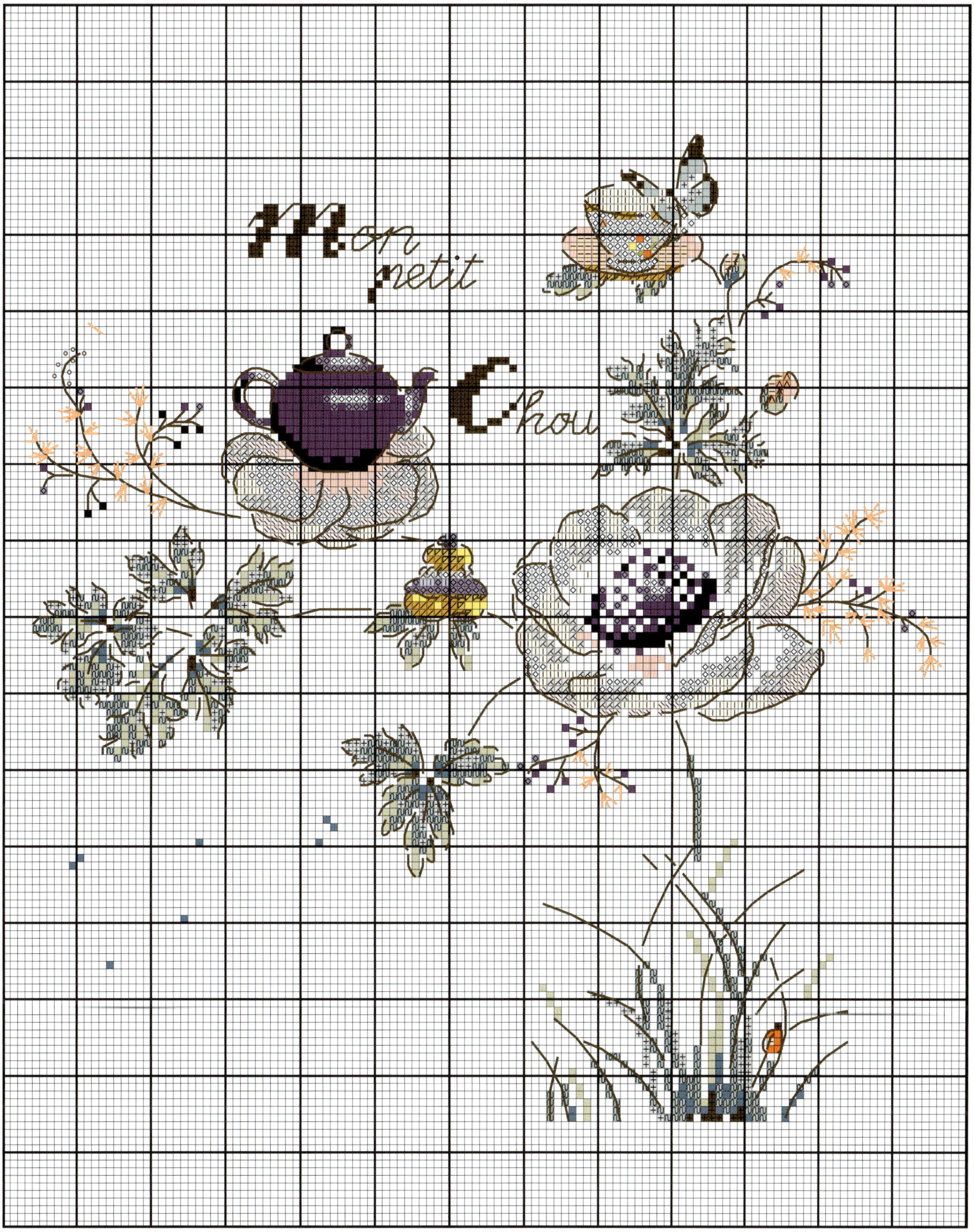

티타임의 아네모네 23페이지 사진

*박음질(1겹) 3371, 3341

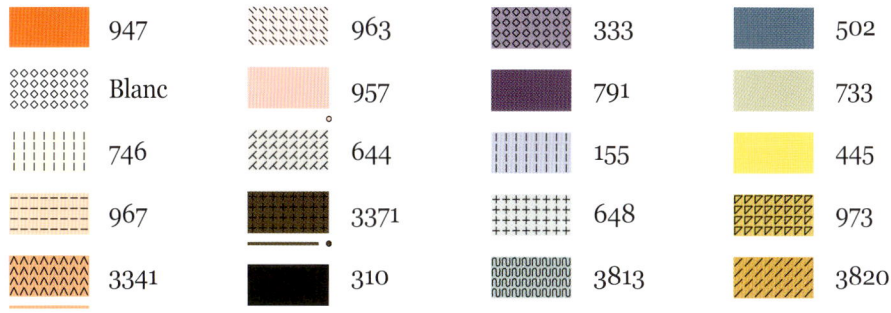

	947		963		333		502
	Blanc		957		791		733
	746		644		155		445
	967		3371		648		973
	3341		310		3813		3820

65

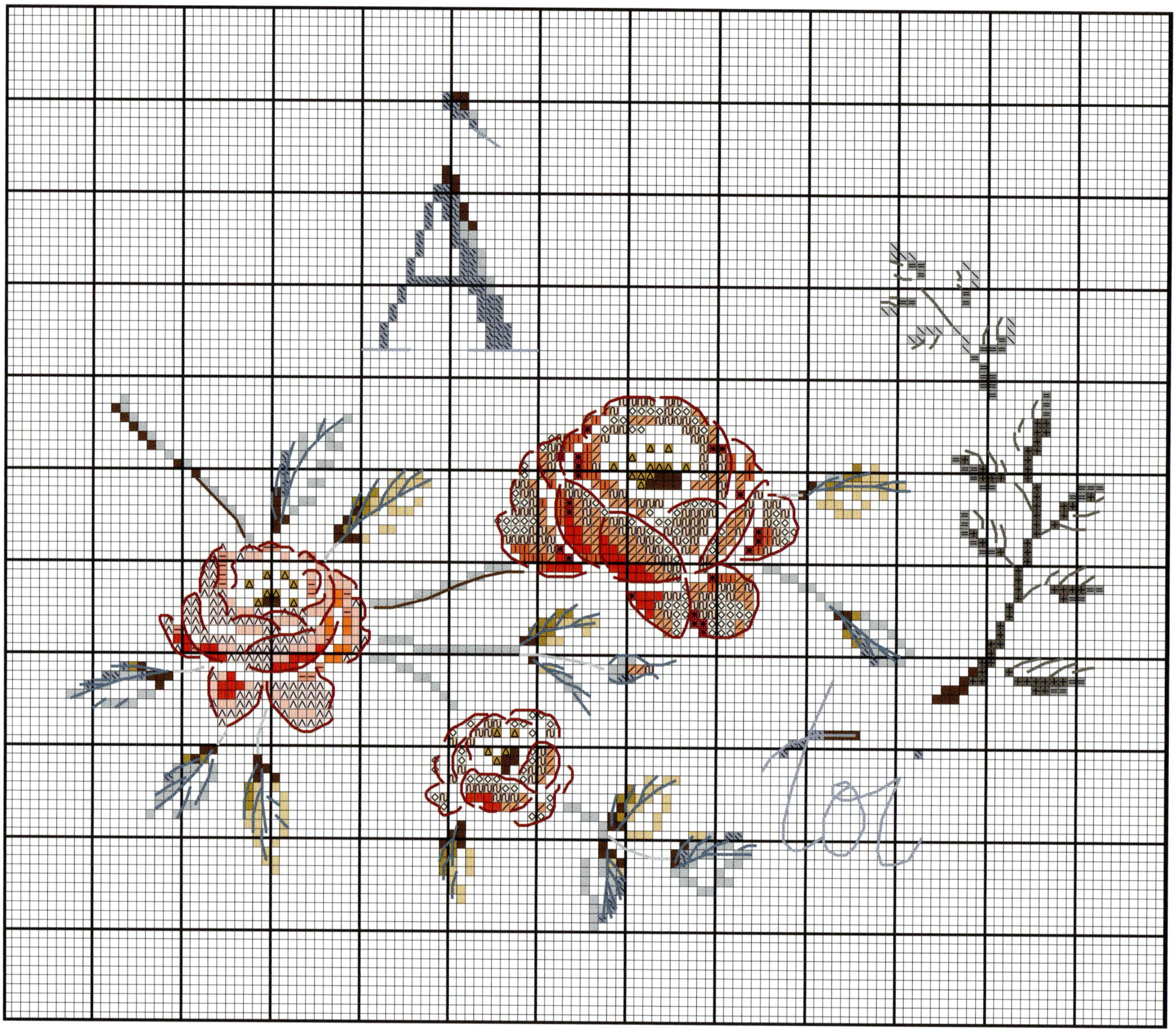

소중한 사람을 위한 장미 25페이지 사진

*박음질(1겹) 500, 902, 3371, 3813, 502, 646

746	957	833	500	─── 902 장미 윤곽
967	956	165	3371	
3341	326	733	644	
351	947	3813	648	
963	606	502	646	

한련꽃 아틀리에 27~29페이지 사진

*박음질(1겹) 973, 947, 3371

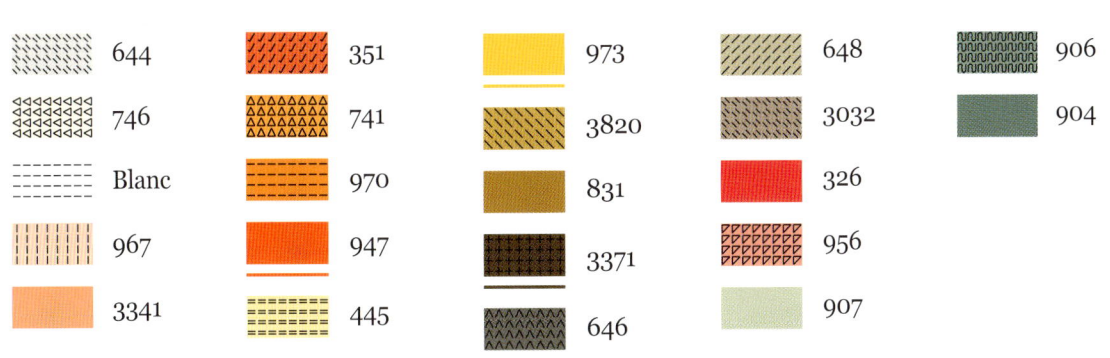

	644		351		973		648		906
	746		741		3820		3032		904
	Blanc		970		831		326		
	967		947		3371		956		
	3341		445		646		907		

67

개양귀비꽃을 든 소녀 31페이지 사진

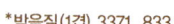
*박음질(1겹) 3371, 833

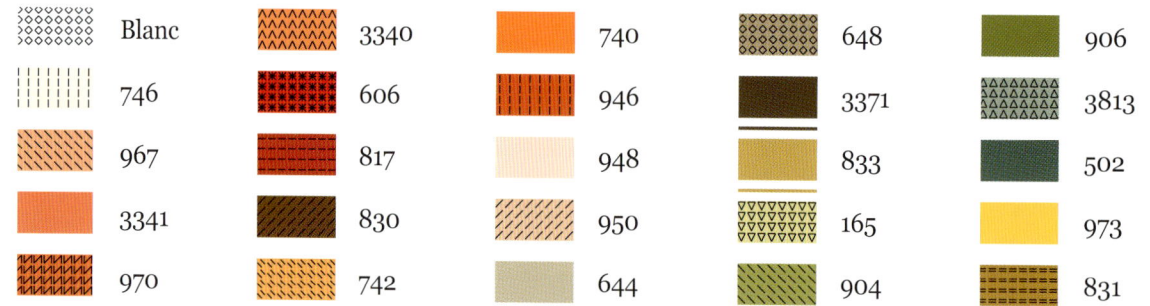

	Blanc		3340		740		648		906
	746		606		946		3371		3813
	967		817		948		833		502
	3341		830		950		165		973
	970		742		644		904		831

68

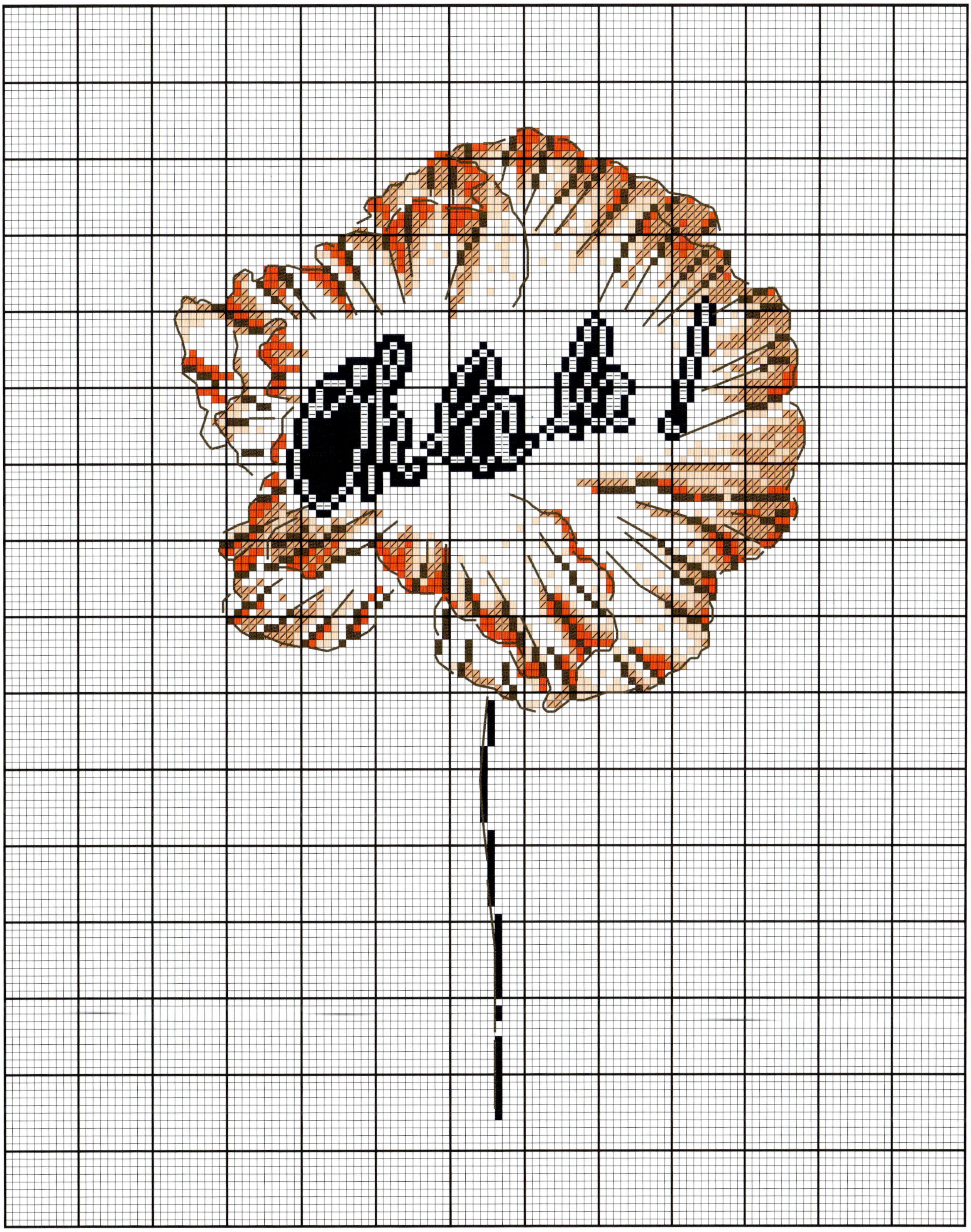

오 어여쁜 양귀비꽃! 33~35페이지 사진

*박음질(1겹) 3371

	Blanc		967		606
	3799		3341		3371

은은한 모란 꽃다발 37페이지 사진

*박음질(1겹) 803, 3371

	746		963		902		833		803
	Blanc		957		801		830		
	967		956		3371		3325		
	3341		326		973		322		

70

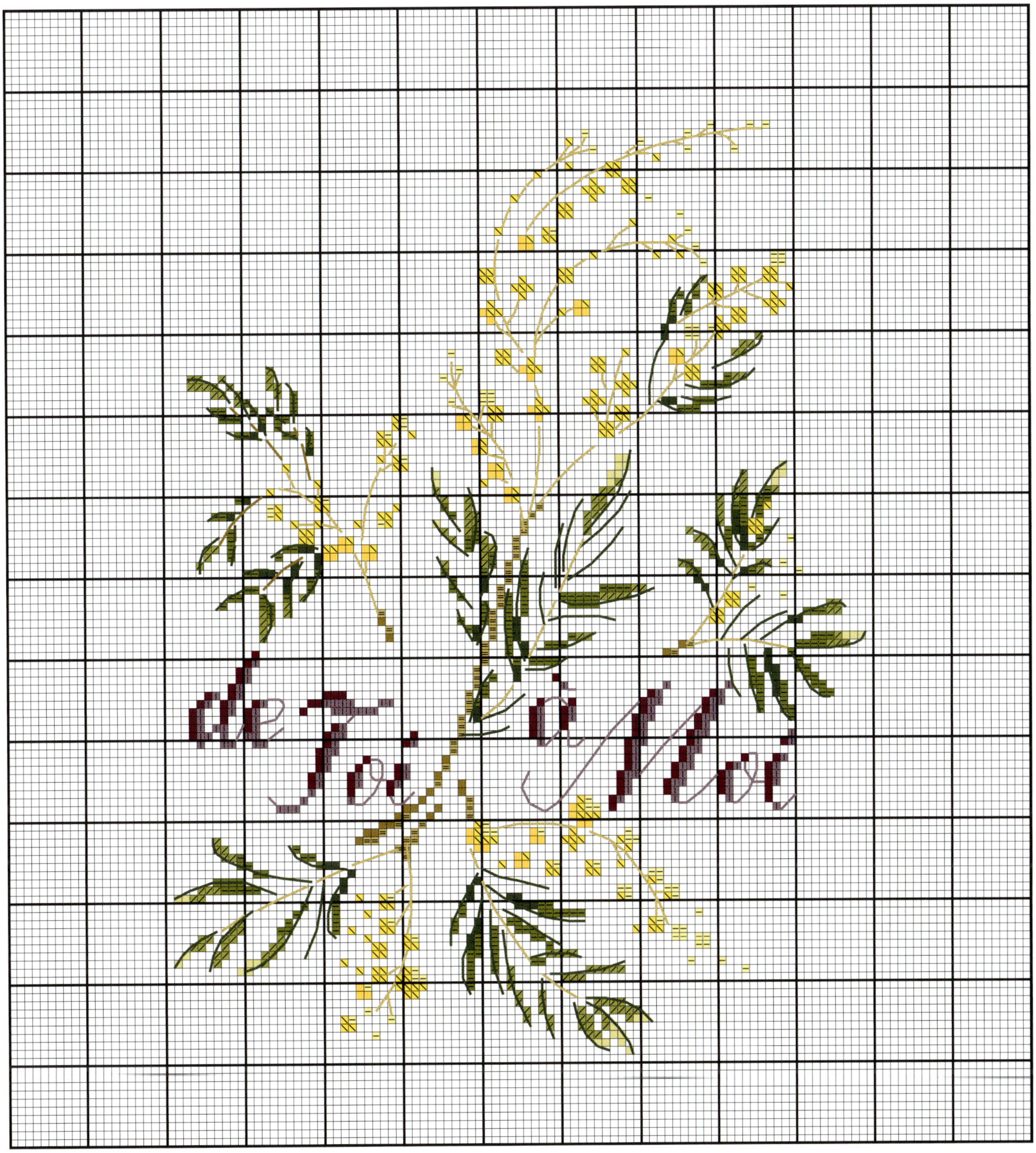

미모사 이파리 39~41페이지 사진

*박음질(1겹) 904, 831, 155, 733

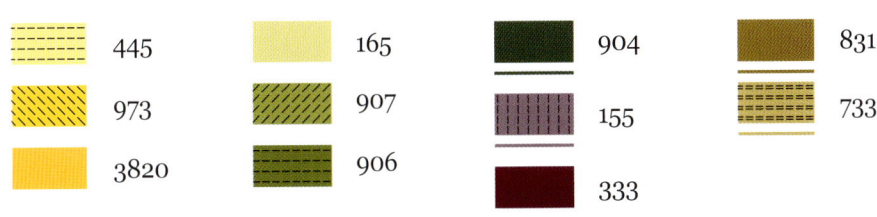

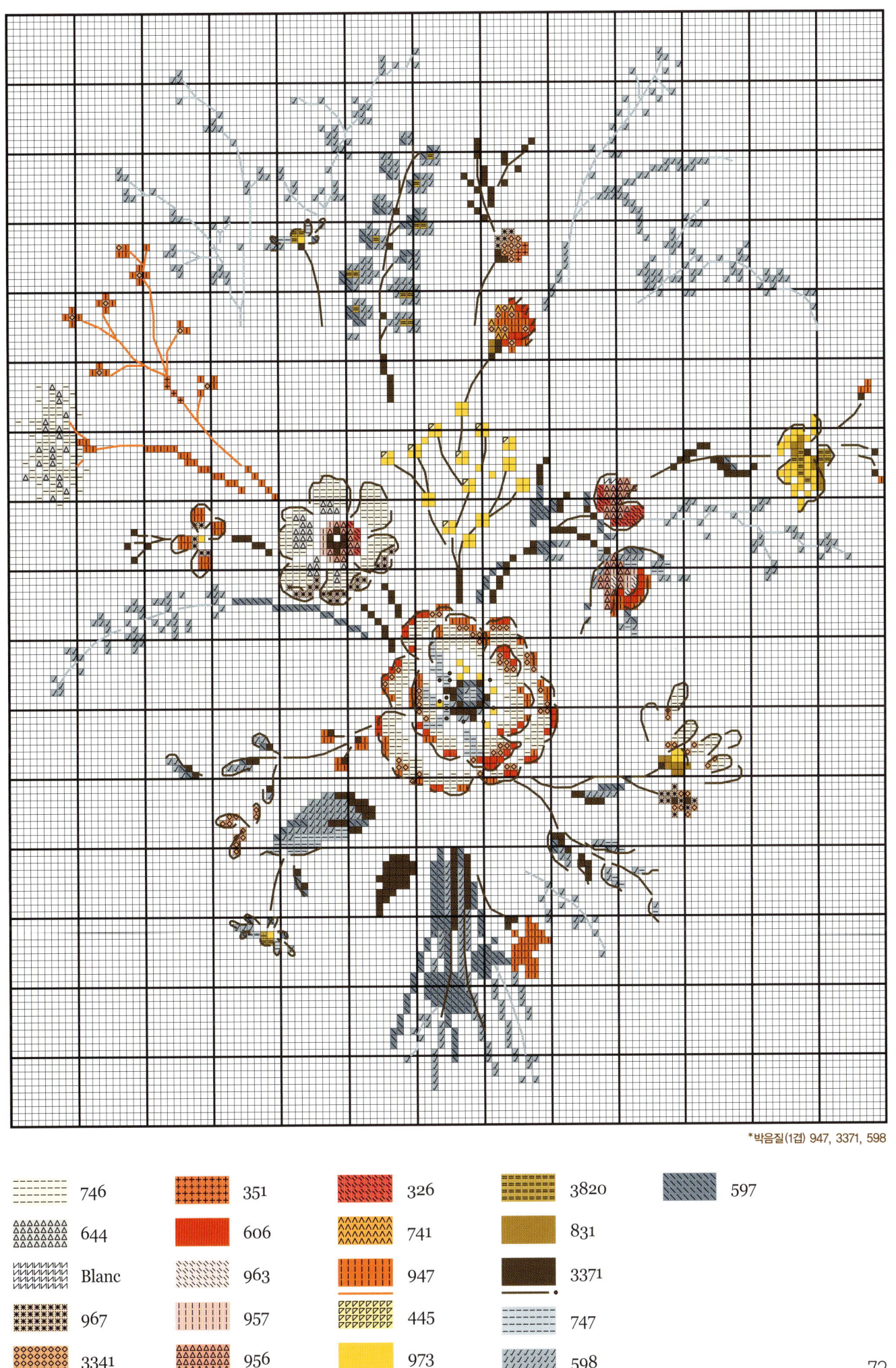

라벤더 하트 47페이지 사진

*박음질(1겹) 3371, 938, 646

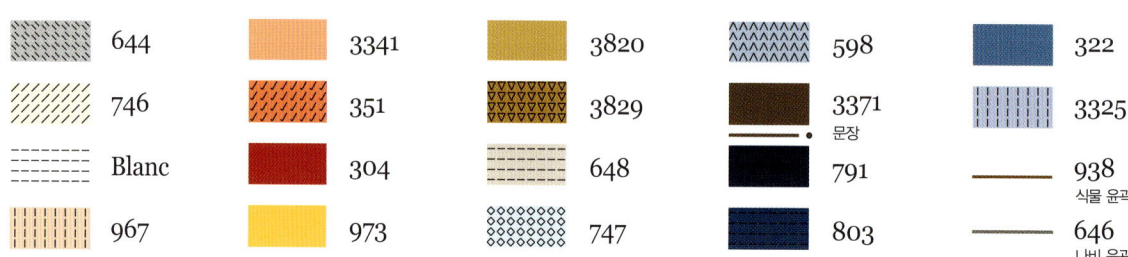

644	3341	3820	598	322
746	351	3829	3371 문장	3325
Blanc	304	648	791	938 식물 윤곽
967	973	747	803	646 나비 윤곽

라벤더 하트 알파벳과 숫자판

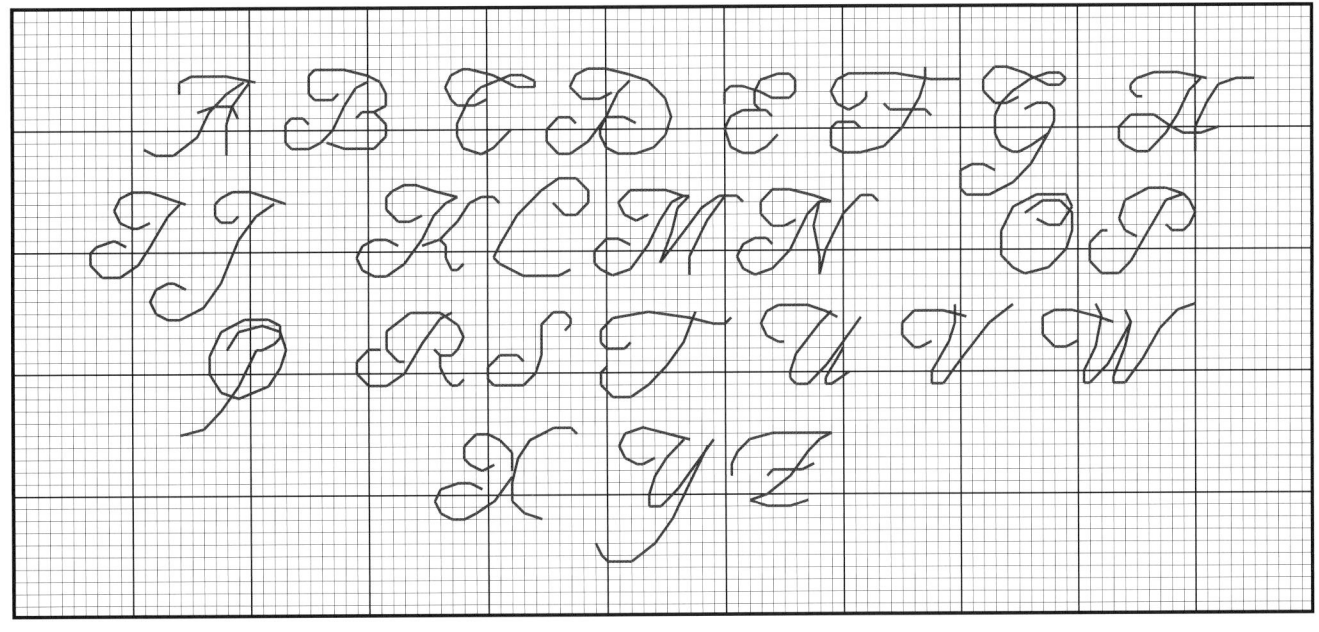

패밀리 트리 알파벳

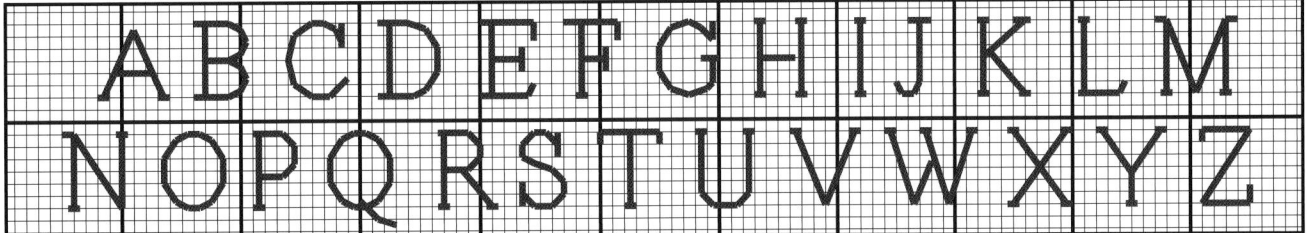

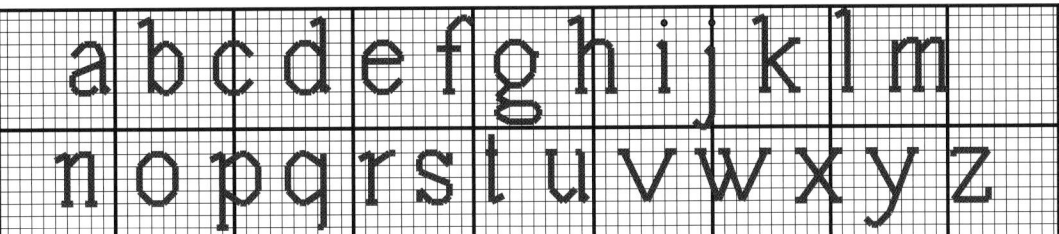

우편엽서 48~49페이지 사진

*박음질(1겹) 648, D 3821, 606, 3371, 310

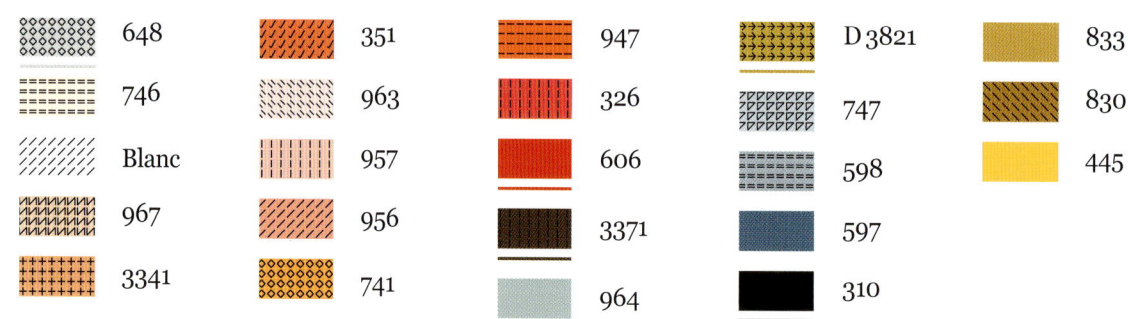

648	351	947	D 3821	833
746	963	326	747	830
Blanc	957	606	598	445
967	956	3371	597	
3341	741	964	310	

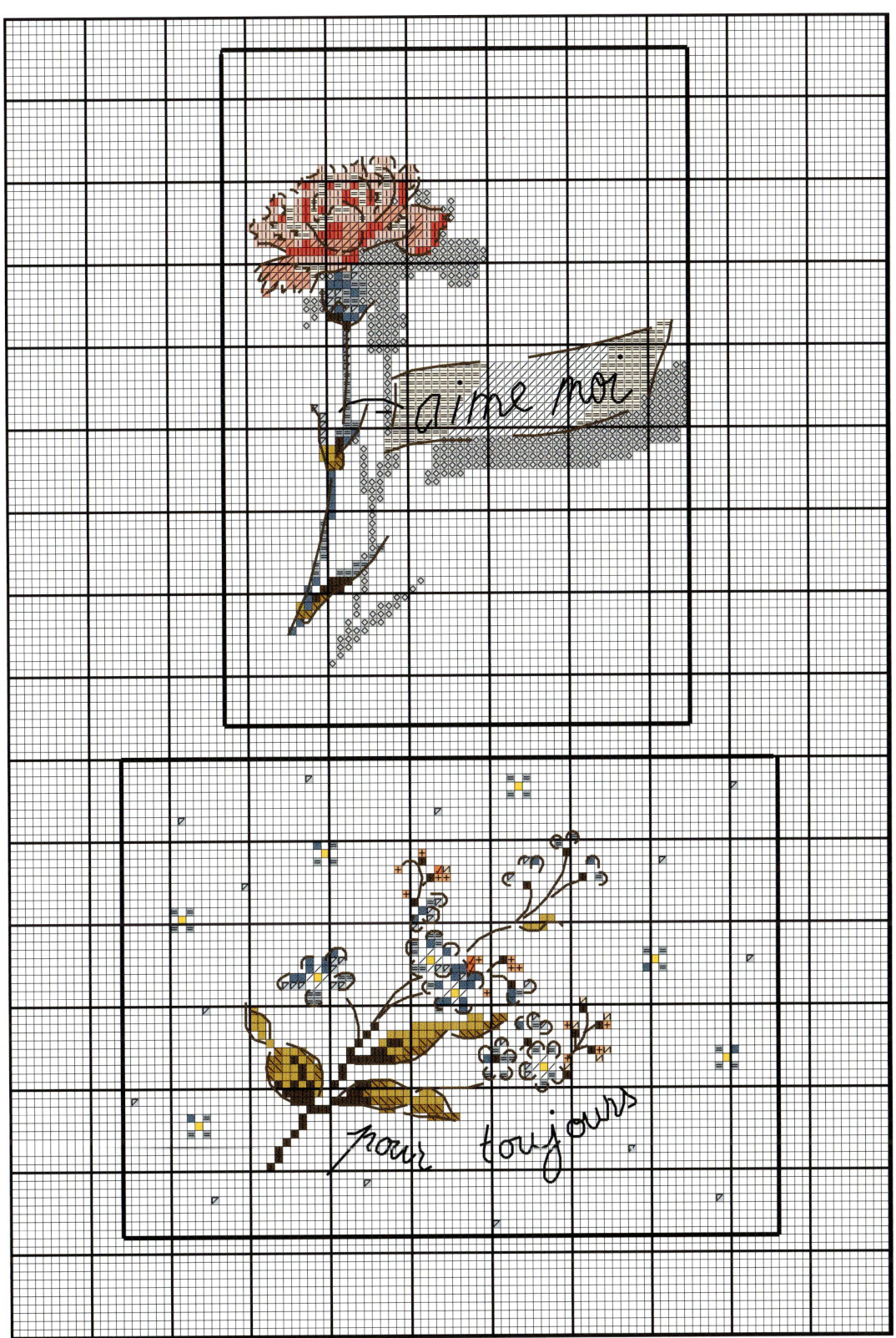

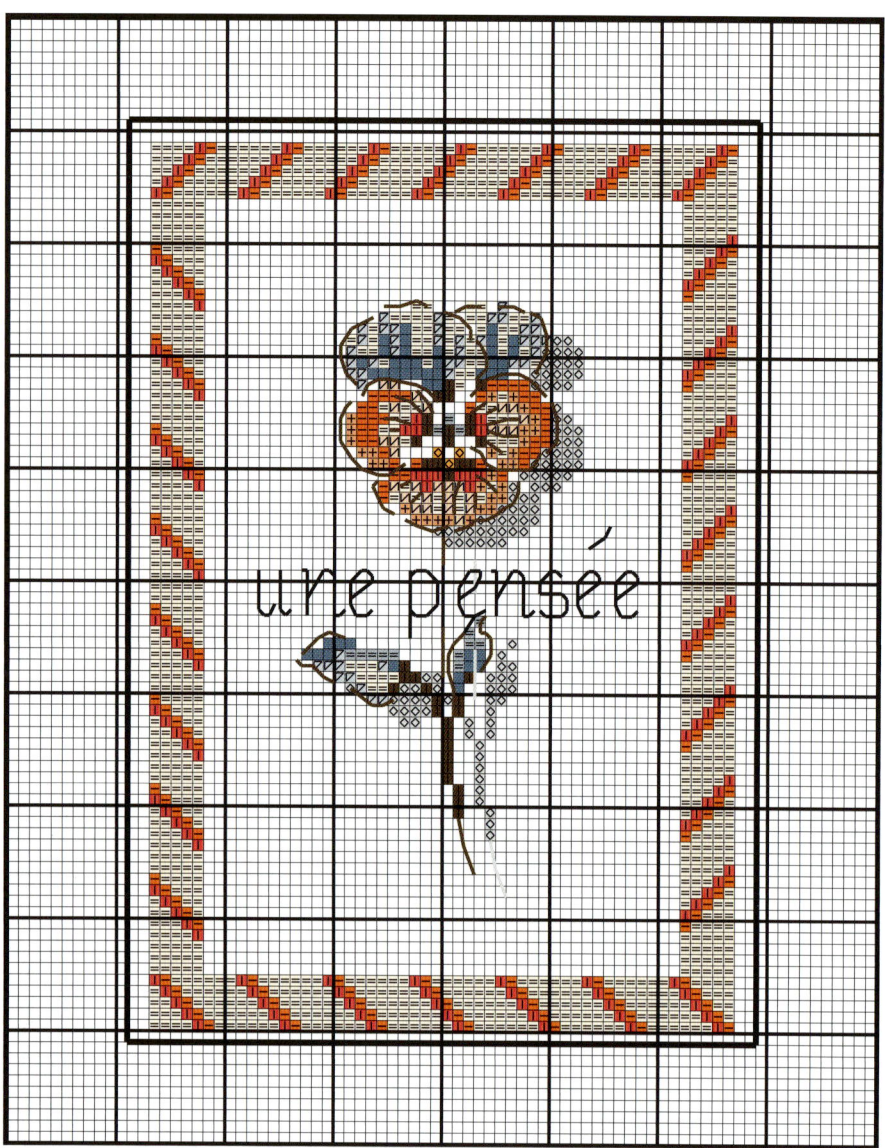

*박음질(1겹) 648, 3371

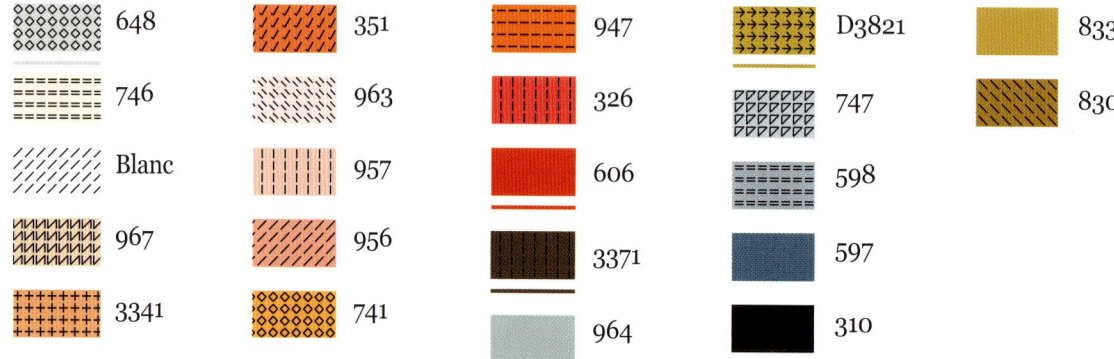

인동덩굴 화관 51~53페이지 사진

*박음질(1겹) Blanc, 3371

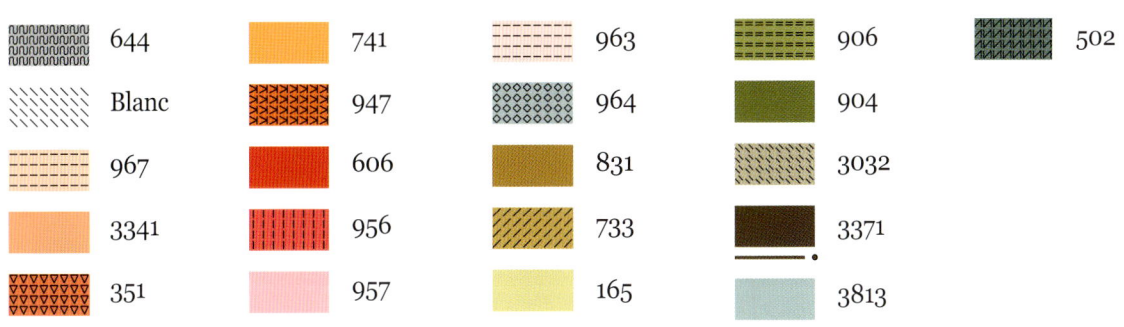

644	741	963	906	502
Blanc	947	964	904	
967	606	831	3032	
3341	956	733	3371	
351	957	165	3813	

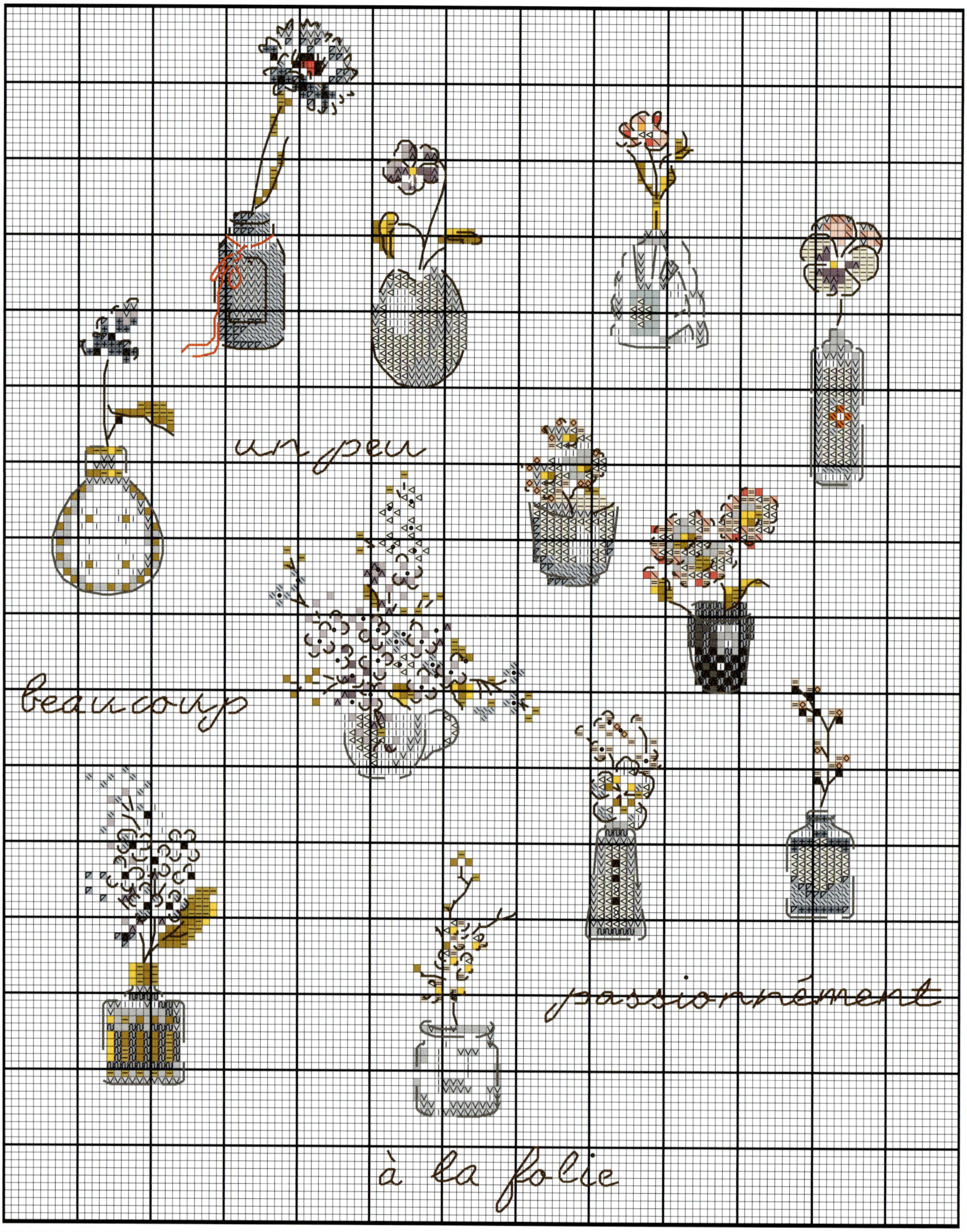

사랑스런 미니 꽃병 55페이지 사진

*박음질(1겹) 3371, 844

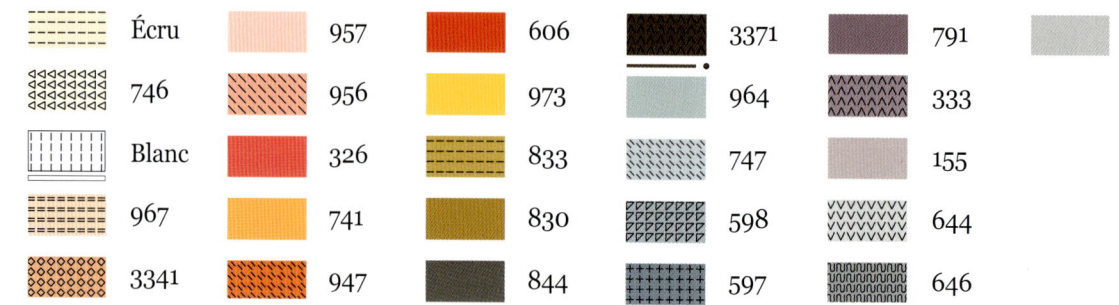

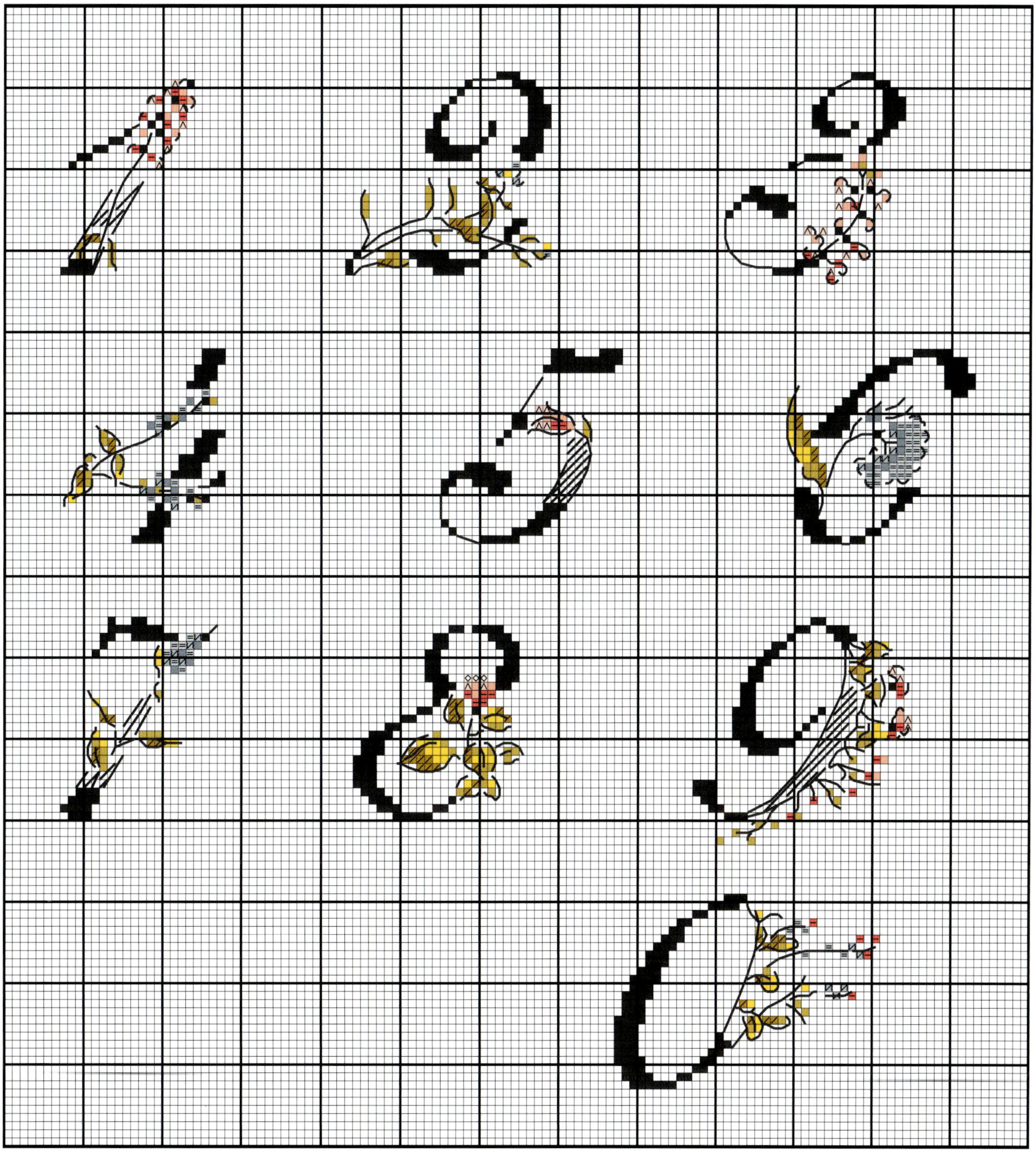

야생화 숫자판

*박음질(1겹) 3371

| | 963 | | 956 | | 3371 | | 598 | | 165 | | 831 |
| | 957 | | 326 | | 747 | | 597 | | 733 | | |

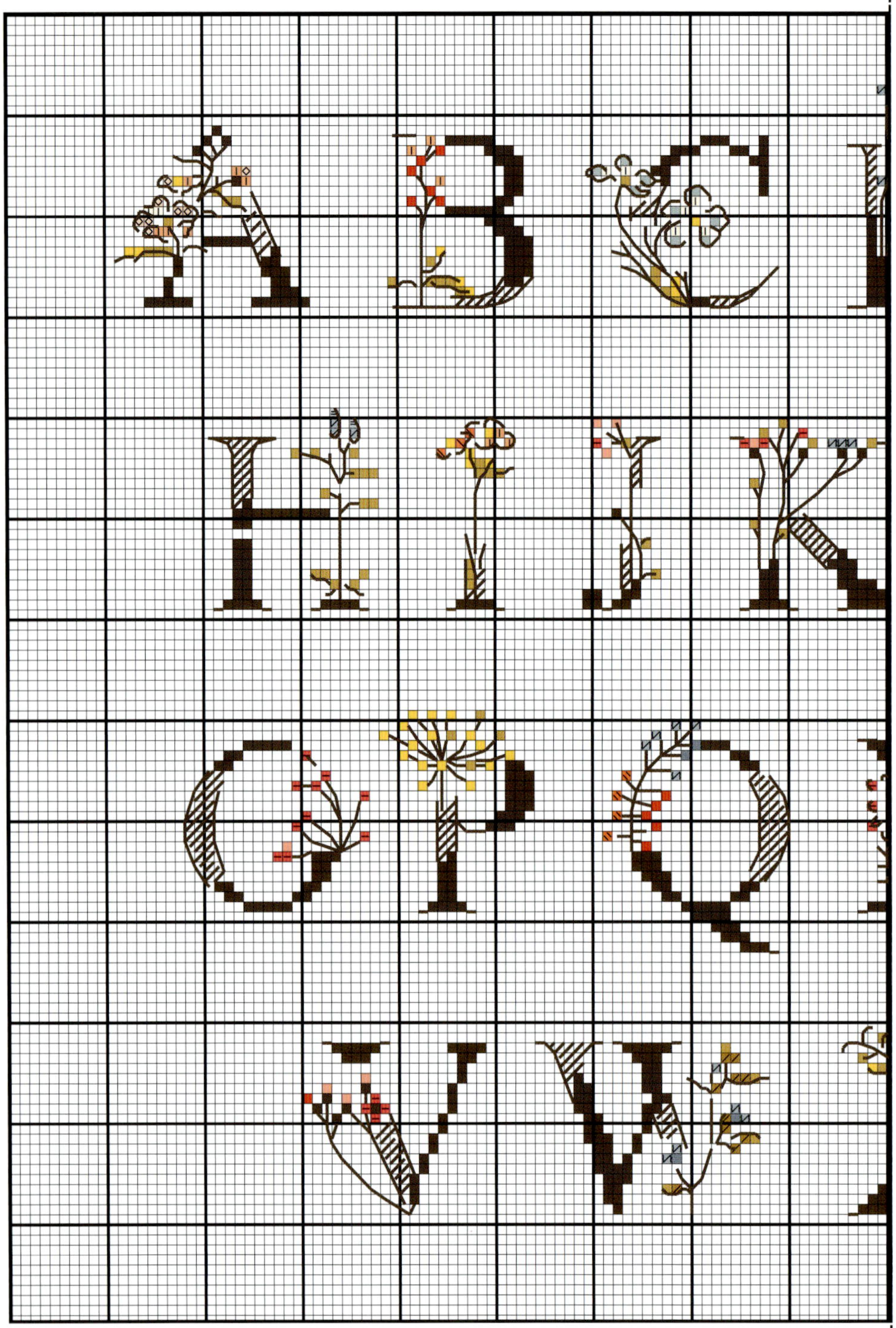

야생화 알파벳 57페이지 사진

*박음질(1겹) 3371

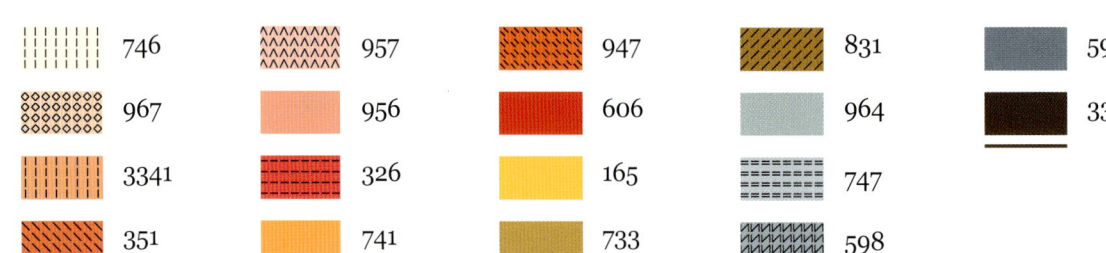

746	957	947	831	597	
967	956	606	964	3371	
3341	326	165	747		
351	741	733	598		

작품 제작 & 기법

스티치 레슨

크로스 스티치

크로스 스티치는 십자수의 기본 스티치로, 보기만큼 간단합니다. 두 개의 스티치를 대각선으로 교차시키는 방법으로 단독으로 하거나 연속해서 수놓을 수 있습니다. 연속으로 수를 놓을 경우, 더욱 예뻐 보이는 효과를 내려면 십자를 항상 같은 방향으로 수놓는 것이 중요합니다. 즉 자수를 시작하며 갈 때는 왼쪽 아래에서 오른쪽 위로, 돌아올 때는 오른쪽 아래에서 왼쪽 위로 수를 놓는 방식입니다.

십자가 떨어져 있을 때는 항상 한 스티치를 마무리하고 다음으로 넘어가야 더 일정하게 자수를 놓을 수 있습니다. 가장 적합한 실은 여섯 가닥으로 구성된 자수실로, 원단의 올에 따라 또는 작업자의 필요에 따라 분리가 가능합니다.

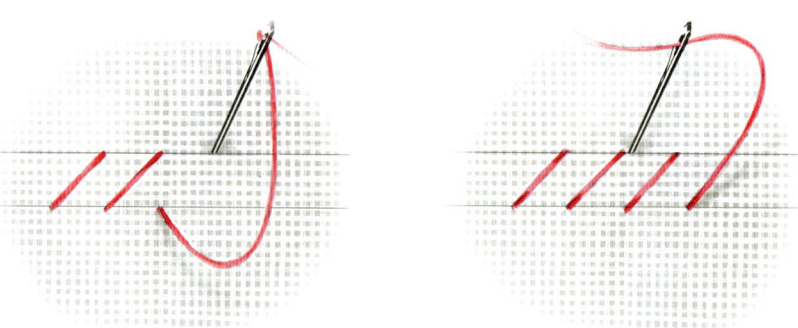

그 밖의 스티치

크로스 스티치와 함께 다른 스티치를 적절히 조합하면 윤곽을 더욱 강조하고 크로스 스티치로 표현하지 못하는 디테일을 줄 수 있습니다. **1/2 크로스 스티치** 타피스리 스티치는 하나의 대각선만 수놓는 크로스 스티치 방법으로, 색깔을 엷게 만들거나 바닥의 그림자와 같은 음영을 넣는 데 사용합니다.

1/4 크로스 스티치는 주로 단순 원단에 사용되며 원단의 한 칸에 작업합니다. 역시 크로스 스티치로 불가능한 디테일을 표현할 수 있습니다.

3/4 크로스 스티치는 박음질로 수놓았을 때처럼 문양의 움직임을 명확하게 해줍니다. 실이 오른쪽이나 왼쪽에서 돌아오는 도중에 스티치가 마무리되므로 '계단'이 생기지 않습니다.

백 스티치는 **박음질**이라고도 부르는데, 마치 연필 선처럼 문양의 일부를 강조하거나 디테일을 묘사하기에 적합합니다. 크로스 스티치로 문양을 완성한 다음 백 스티치를 실행하며, 대개 짙은 톤의 실을 한 가닥만 사용합니다. 도안마다 다르지만 자수의 윤곽을 따라 스티치를 길게 또는 대각선으로 연장할 수 있습니다. 도안에서 연속선은 백 스티치로 표현한 디테일을 나타냅니다.

프렌치 노트 스티치는 사람의 눈동자나 꽃의 수술처럼 한 개의 십자가 아주 클 때 사용합니다. 도안에서 작은 원으로 표시됩니다.

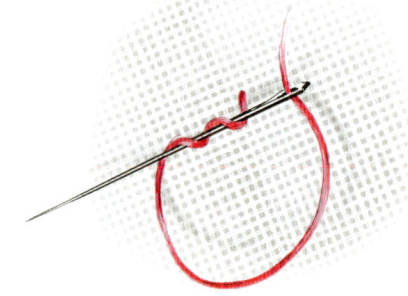 

준비하기

수를 놓기 전에 원단의 가장자리를 감침질해 둡니다. 이 작업 대신 둘레를 따라 접착 리본을 붙이기도 합니다. 이렇게 하면 작품이 풀어지는 것을 막을 수 있습니다. 원단은 자수 전체의 크기보다 약간 더 커야 합니다. 그래야 나중에 틀 작업을 하거나 재봉을 할 수 있습니다. 자수 둘레로 최소 10cm 여백이 있어야 합니다. 원단을 4등분으로 접어 중심을 찾은 다음, 이 중심축을 지나는 두 개의 실(가로 실과 세로 실)을 이용하여 원단의 양쪽 면을 가봉합니다. 이 실은 자수를 할 때 기준으로 사용하고 작품이 완성되면 제거합니다. 도안에서도 같은 방법으로 기준을 잡을 수 있습니다.

수놓기

긴 실들이 자수의 뒤를 지나가면 비칠 수 있으니 주의해야 합니다. 동일한 색으로 수놓을 스티치가 최대 2cm 떨어져 있다면 실을 넘겨 다음 스티치를 놓을 수 있습니다. 하지만 스티치가 이보다 더 떨어져 있거나 실이 짙은 색이라면 실을 스티치 밑으로 넣고 자른 다음 멀리 있는 스티치를 새로 시작합니다.

마감하기

자수가 완성되면 문양의 중심을 잡기 위해 기준점으로 삼았던 가로 세로 가봉 실을 제거하고 자수를 찬물로 부드럽게 닦아냅니다. 자수가 마르면 물에 적신 천을 대고 안면을 다림질합니다.

틀 작업하기

틀 작업을 위해 자수 둘레를 최소 10cm 남겨둡니다. 두꺼운 종이를 틀보다 약간 더 작은 크기로 잘라냅니다. 자수를 뒤집어 테이블 위에 놓고 문양의 중심에 맞춰 두꺼운 종이를 얹습니다. 두껍고 질긴 실로 자수의 위와 아래 테두리를 함께 맨 다음 자수가 팽팽해지도록 일정하게 실을 조입니다. 이때 작품이 손상되지 않도록 조심해야 합니다. 양쪽 옆면도 동일한 작업을 진행합니다. 그 다음 틀 안에 자수를 놓고 유리를 덮습니다.

도구

바늘

십자수에 사용하는 바늘은 끝이 둥글고 바늘귀가 일반 바늘보다 넓습니다. 둥근 바늘 끝은 올의 손상을 방지하고 넓은 바늘귀는 다소 두꺼운(많은) 실 가닥이 통과할 수 있게 해 줍니다. 자수실 한 가닥으로 작업하려면 26번 바늘이 적합하지만 두 세 가닥으로 작업하려면 24번 바늘이 필요합니다. 바늘의 길이는 올의 종류에 따라 선택이 가능합니다. 한 바늘에 실 두 세 가닥을 한꺼번에 꿸 때는 실 꿰기가 있으면 아주 유용합니다.

수틀

아주 탄력 있는 원단에 작업하려면 수틀이 필요한 경우도 있습니다. 수틀은 원단을 팽팽하게 해 스티치가 일정해지도록 도와줍니다.

가위

수를 놓을 때만 사용할 작고 뾰족한 가위를 준비합니다. 이동할 때 가위가 천에 닿아 구멍이 생기지 않도록 조심해야 합니다.

실 정리용 판지

여러분이 사용하는 실의 색상번호를 잃어버리면 안 됩니다. 본인이 직접 실의 색깔을 골랐다면 색깔을 적어 놓아야 다시 작업하기가 수월합니다. 더구나 실의 색깔은 아주 다양하기 때문에 본인의 바느질함에 있는 실의 색상번호를 쉽게 알 수 있도록 표시해놓는 것이 좋습니다. 구멍 뚫린 카드에 실을 끼워 넣어 정리하고 여백에 색상번호를 적어 놓으세요. 카드는 구입하거나 본인이 직접 만들면 됩니다. 실을 감아 놓기 위해 수선용 모직 판지를 사용할 수도 있습니다. 물론 판지 한 장에 한 가지 색 실만 정리해야 합니다.

클래식 원단

아이다 원단

실이 교차하며 일정한 사각형을 이루는 아이다 원단은 사용하기 편리합니다. 센티미터 당 2.4칸, 4.4칸, 5.5칸, 6칸, 7칸 등 굵기도 다양합니다. 작품의 크기는 어떤 원단을 선택하느냐에 달려있습니다. 센티미터 당 칸 수가 적을수록 완성된 자수의 크기는 커집니다. 예를 들어 2.4칸/cm 아이다에 놓은 자수는 7칸/cm 아이다에 놓은 자수보다 훨씬 더 큽니다.

아이다 원단	10 스티치 길이	사용할 자수실의 가닥 수
2.4 칸/cm	4.16 cm	4 ~ 6 가닥
4.4 칸/cm	2.5 cm	3 가닥
5.5 칸/cm	1.82 cm	2 ~ 3 가닥
6 칸/cm	1.67 cm	2 가닥
7 칸/cm	1.4 cm	1 ~ 2 가닥

리넨, 단선, 평직 원단

리넨이나 면으로 된 원단은 십자 한 개를 몇 개의 올에 수놓을지 선택할 수 있습니다. 리넨 원단은 아이다보다 작업하기가 약간 더 어렵습니다. 그 이유는 사각형으로 짜여 있지 않기 때문인데, 작업하기는 어렵지만 더욱 세밀한 결과물을 얻을 수 있다는 장점이 있습니다.

두 올 위에 수놓는 경우

아래 표는 두 올 위에 가로 세로로 십자 한 개를 수놓을 때 적용됩니다.

리넨 원단	10 스티치 길이	사용할 자수실의 가닥 수
5 올/cm	4 cm	4 ~ 6 가닥
10 올/cm	2 cm	2 ~ 3 가닥
11 올/cm	1.82 cm	2 ~ 3 가닥
12 올/cm	1.67 cm	1 ~ 2 가닥
13.5 올/cm	1.48 cm	1 가닥

평직 원단	10 스티치 길이	사용할 자수실의 가닥 수
10 올/cm	2 cm	2 ~ 3 가닥

한 올 위에 수놓는 경우

아래 표는 한 올 위에 가로 세로로 십자 한 개를 수놓을 때 적용됩니다.

리넨 원단	10 스티치 길이	사용할 자수실의 가닥 수
5 올/cm	2 cm	3 ~ 4 가닥
10 올/cm	1 cm	1 가닥
11 올/cm	0.91 cm	1 가닥
12 올/cm	0.83 cm	1 가닥
13.5 올/cm	0.74 cm	1 가닥

평직 원단	10 스티치 길이	사용할 자수실의 가닥 수
10 올/cm	1 cm	1 가닥

미리 재단된 원단 또는 미터 단위 원단

아이다, 리넨, 평직 원단의 색상은 대단히 다양합니다. 원단은 미터 단위나 미리 재단된 조각 형태로 나오기도 합니다. 어느 것을 선택하느냐는 본인의 작품 취향에 달려있습니다. 꾸준히 수를 놓는 분이라면 미터 단위 원단이 더 경제적일 것입니다. 자투리 천은 보관하고 있다가 작은 문양을 수놓을 때 사용합니다.

작품 제작

다음 작품들에 표시된 수치는 1cm의 재봉 여백이 포함된 것입니다.

화장품 파우치 18~19페이지 사진 참고

작품 크기 : 27(길이) × 17(높이) × 8(두께)cm

재료
25×25cm 리넨 원단, 12올/cm 연회색(Milpoint사 112/53번)
겉감용 짙은 회색 리넨 천 : 21×50cm 한 장, 30×50cm 한 장, 10×22cm 두 장+자투리 천
안감 천 : 30×45cm 한 장, 10×20cm 두 장
1m 금색 선두름, 25cm 홈이 들어간 분리형 지퍼, 17×15.5cm 열접착시트, DMC 실(다이아몬드 색 D140)

1. 리넨 원단 중앙에 크로스 스티치와 백 스티치로 63페이지의 문양을 수놓습니다. 두 가닥의 실로 두 올 위에 작업합니다. 원단의 여백 부분을 안으로 접어 자수의 크기가 가로 17.5cm × 높이 16cm가 되도록 합니다. 접힌 부분을 열고 직사각형 원단에 맞춰 자수의 안면에 열접착시트를 덧댑니다. 자수 위쪽으로 접힌 부분은 열어 놓습니다.

2. 21×50cm 겉감용 리넨의 양쪽 옆면을 1.75cm 접습니다. 그러면 가로 폭이 17.5cm로 자수의 폭과 같게 됩니다.

3. 2단계에서 접은 리넨의 겉면과 자수의 안면이 맞닿도록 놓습니다. 이때 직사각형 리넨의 밑면으로부터 30cm 지점에 자수의 밑면이 오게 합니다. 자수의 옆면과 밑면을 슬랜팅 스티치(감침질)로 재봉합니다. 이제 선두름을 반으로 잘라 동일한 크기의 두 부분을 만들고, 이것을 원단의 겉면에 놓은 다음 핀으로 고정합니다. 특수 노루발을 사용하여 러닝 스티치(홈질)로 선두름을 박습니다. 이렇게 만들어진 리넨 띠를 30×50cm 직사각형 천 중앙에 놓고 핀으로 옆면을 고정한 다음 러닝 스티치로 박아줍니다.

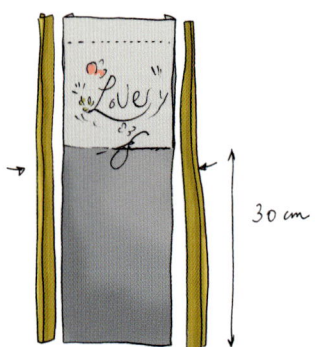

4. 3단계에서 만들어진 직사각형 천의 긴 면 양쪽을 1.5cm 안으로 접습니다. 처음에 접어놓은 자수의 윗면에서 세로 길이가 40cm가 되도록 밑단을 접습니다.

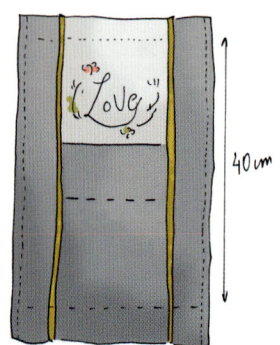

5. 10×22cm 띠의 세 면을 1cm 안으로 접습니다. 이것을 파우치 본체의 옆구리 양쪽에 핀으로 고정하고 다이아몬드 색 실을 이용해 감칠질로 재봉합니다. 위에 남아 있는 짧은 면은 케이스의 높이에 맞춰 접어줍니다. 케이스의 접힌 가장자리 둘레를 5mm 간격을 두고 이중 다이아몬드 색 실을 이용해 러닝 스티치로 전부 박아줍니다.

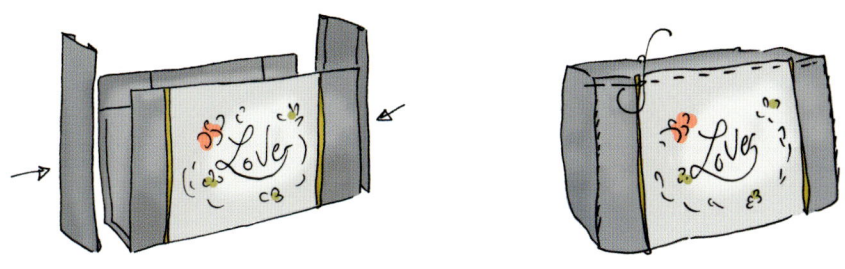

6. 이렇게 조립한 본체에 안감을 댑니다.

7. 홈이 난 지퍼 양 끝단에 천 자투리를 재봉합니다. 5×6cm 직사각형 천 두 장을 잘라내어 네 면의 가장자리를 1cm 안으로 접고, 다시 반으로 접어 3×2cm 조각을 만듭니다. 이것을 지퍼의 양 끝단 위에 밀어 넣고 다이아몬드 색 실을 이용해 감칠질로 재봉합니다.

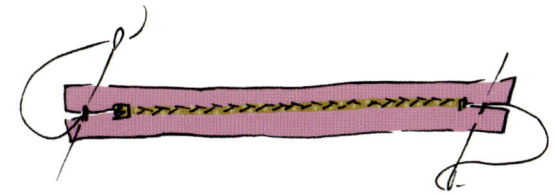

8. 케이스 윗면의 접힌 부분에서 1.25cm 지점에 지퍼를 고정해 둡니다. 안쪽에 안감을 댄 다음 지퍼의 윗부분을 슬랜팅 스티치로 재봉합니다.

재봉틀 커버 28~29페이지 사진 참고

작품 크기 : 38(길이)×25(높이)×13(두께)cm

재료
35×35cm 리넨 원단, 12올/cm, 아이보리 색(Milpoint사 112/01번)
겉감 : 41×75cm(앞면, 뒷면, 등 부분) 한 장, 15×33cm(옆구리) 두 장
안감 : 겉감과 동일한 크기
70cm 가죽 장식줄, 21×24.5cm 열접착시트

1. 리넨 원단 중앙에 크로스 스티치와 백 스티치로 67페이지의 문양을 수놓습니다. 두 가닥의 실로 두 올 위에 작업합니다.

2. 커다란 겉감용 천(41×75cm)을 세로 방향으로 놓습니다. 윗면과 아랫면에서 30.5cm 지점에 첫 번째 주름을 잡고, 5mm 더 들어가 두 번째 주름을 잡습니다. 그러면 주름 사이에 13cm의 공간이 생깁니다. 이 주름을 핀으로 고정합니다.

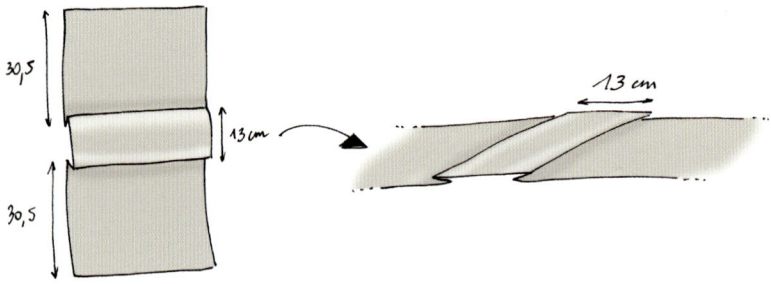

3. 자수된 원단의 가장자리를 안으로 접어 가로 21.5cm, 세로 25cm의 직사각형을 만듭니다(위에서 5cm를 접습니다). 접어 넣은 부분은 윗면에서 1cm, 양쪽 옆면에서 1cm를 남기고 잘라냅니다. 아래쪽 접힌 부분은 그대로 남겨둡니다. 그리고 자수의 안면에 열접착시트를 덧댑니다.

4. 장식줄을 반으로 잘라 자수의 양쪽 옆면에 핀으로 고정합니다. 이때 윗부분은 5mm 넘어가도록 합니다. 그다음 슬랜팅 스티치로 장식줄을 재봉합니다.

5. 접어놓은 커다란 직사각형 리넨의 밑면과 자수의 밑면을 맞춘 다음 핀으로 고정합니다. 장식줄의 윗단을 리넨의 접힌 부분 안으로 밀어 넣고 핀으로 고정합니다. 리넨 위의 자수를 슬랜팅 스티치로 재봉합니다. 접힌 부분도 마찬가지로 슬랜팅 스티치로 재봉합니다. 커다란 직사각형 리넨의 윗면과 아랫면을 5cm 접고 긴 옆면은 1cm 접습니다.

6. 남아 있는 리넨 띠(커버의 옆구리로 사용할 15×33cm 두 장)의 세 면을 1cm 안으로 접습니다. 마지막 짧은 면은 5cm 안으로 접습니다. 커다란 직사각형 리넨과 커버의 옆구리 부분을 핀으로 고정하고 감칠질로 재봉합니다.

7. 본체에 안감을 댑니다. 단, 접힌 부분은 제외합니다.

8. 안감을 커버 안으로 밀어 넣고 커버의 밑면을 안에서 슬랜팅 스티치로 결합합니다.

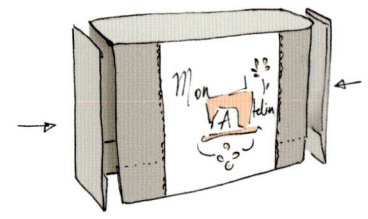 

에코 가방 34~35페이지 사진 참고

작품 크기 : 27×37cm(손잡이 제외)

재료
30×50cm 리넨 원단 두 장, 12올/cm, 밝은 자연색(Milpoint사 112/32번)
30×30cm 안감 천 두 장
물방울 무늬 천 : 6×56cm 띠 두 장, 6×130cm 띠 한 장

1. 리넨 원단 중앙에 크로스 스티치와 백 스티치로 69페이지의 문양을 수놓습니다. 두 가닥의 실로 두 올 위에 작업합니다.

2. 자수에서 6.5cm 위로 원단의 윗면을 접고, 세로 길이는 37cm가 되도록 밑단을 접습니다. 27cm 가로 폭 중앙에 자수가 오도록 합니다. 나머지 한 장의 리넨 원단도 같은 방식으로 접습니다.

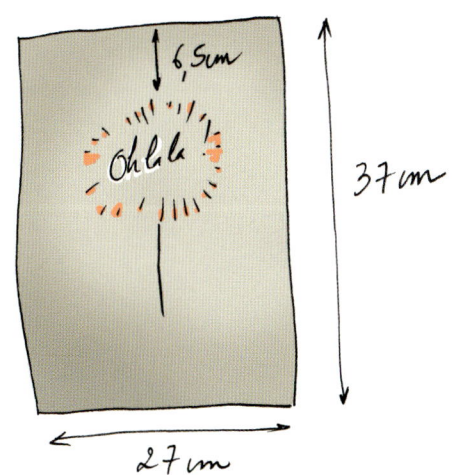

3. 6×130cm의 물방울 무늬 띠를 반으로 접어 가로 3cm의 띠를 만듭니다. 띠의 짧은 면 한쪽을 안으로 1cm 접습니다. 이 띠를 자수의 세 면에 여기저기 주름 잡으며 핀으로 고정해 둡니다. 이때 띠의 끝단은 원단 위로 1~2cm 정도 넘어가도록 합니다. 띠가 세 면 위에 고정되면 띠의 끝단을 안으로 접은 다음, 접힌 부분에서 1cm를 남기고 잘라냅니다. 이제 슬랜팅 스티치로 띠를 재봉합니다.

4. 리넨 원단 안면에 안감 천을 대고 크기에 맞춰 네 면을 접습니다(안감 천은 리넨 원단보다 약간 더 작습니다). 접힌 가장자리를 고정하고 네 면을 슬랜팅 스티치로 재봉합니다.

5. 남아 있는 물방울 무늬 띠(손잡이로 사용할 6×56cm 띠)의 가장자리 네 면을 안으로 1cm 접습니다. 띠를 다시 반으로 접은 다음 러닝 스티치로 개봉된 세 면을 재봉합니다. 직사각형 리넨의 양 옆면에서 4.5cm 떨어진 곳 안쪽에 띠의 양쪽 끝단 2cm를 핀으로 고정하고 러닝 스티치로 재봉합니다.

6. 두 리넨의 안면을 맞대어 놓고 러닝 스티치로 세 면을 결합합니다.

작은 식탁보 40~41페이지 사진 참고

작품 크기 : 42×31cm

재료

리넨 원단, 12올/cm, 강청색(Milpoint사 112/27번) : 자수용 30×35cm, 바닥용 45×35cm
45×35cm 안감 천
코바늘 2.5번 1개, DMC 실(다이아몬드 색 D140)

1. 30×35cm 리넨 원단 중앙에 크로스 스티치와 백 스티치로 71페이지의 문양을 수놓습니다. 두 가닥의 실로 두 올 위에 작업합니다. 백 스티치로 새긴 '너에게서 나에게로'(De toi à moi) 글자가 파란색 원단 위에 뚜렷이 드러나도록 좀 더 짙은 색(여기서는 검정 310)으로 수놓습니다.
2. 자수된 원단의 가장자리를 접어 24.5×31cm의 직사각형을 만듭니다. 자수의 가장 윗부분에서 5cm 위로 원단의 윗면을 접고, 자수가 가로 폭의 중앙에 오도록 합니다.
3. 다이아몬드 색 실로 자수 둘레를 버튼홀 스티치합니다. 같은 실을 이용하여 버튼홀 스티치 두 땀마다 코바느질로 한 코를 뜨며 박음질합니다(긴뜨기 2회, 사슬뜨기 1회).
4. 커다란 리넨 조각의 가장자리를 접어 41×31cm의 직사각형을 만듭니다. 직사각형의 중앙에 자수를 놓고 슬랜팅 스티치로 재봉합니다. 안쪽에 안감 천을 대고 가장자리를 접어 직사각형 리넨 크기에 맞춥니다. 슬랜팅 스티치로 네 면을 재봉하거나 예쁘게 마감하기 위해 다이아몬드 색 실로 감칠질할 수도 있습니다.

패밀리 트리 44~45페이지 사진 참고

작품 크기 : 42×31cm

재료

50×50cm 리넨 원단, 12올/cm, 갈색 빛 도는 회색(Milpoint사 CM108)
10×10cm 리넨 원단 7장, 12올/cm, 아이보리 색(Milpoint사 112/01번)

1. 리넨 원단 중앙에 크로스 스티치와 백 스티치로 73페이지의 나무 문양을 수놓습니다. 두 가닥의 실로 두 올 위에 작업합니다.
2. 75페이지의 알파벳을 참고하여 7장의 원단 조각에 본인이 선택한 이름을 수놓습니다. 조각의 가장자리를 안으로 접어 높이가 1.5cm이고 가로 폭 중앙에 이름이 새겨진 라벨을 만듭니다. 이름에서 2mm 간격을 두고 라벨의 옆면을 접습니다. 접어 넣은 부분을 5mm 남기고 잘라낸 다음 안면을 슬랜팅 스티치로 재봉합니다. 라벨을 나무 위 원하는 위치에 핀으로 고정하고 불연속 스티치로 촘촘히 재봉합니다.

우편엽서 48~49페이지 사진 참고

엽서 크기 : 10×14.5cm

재료

22×30cm 리넨 원단, 12올/cm, 아이보리 색(Milpoint사 112/01번)
10×14cm 열접착시트

1. 리넨 원단 중앙에 크로스 스티치와 백 스티치로 76~78페이지의 엽서 문양을 골라 수놓습니다. 두 가닥의 실로 두 올 위에 작업합니다.
2. 자수의 안면에 열접착시트를 덧대어 자수를 불투명하게 만듭니다.
3. 백 스티치로 만든 윤곽을 따라 원단의 가장자리를 안으로 접습니다.
4. 필요하다면 가장자리를 다시 5mm 접고, 접힌 안면을 슬랜팅 스티치로 재봉합니다.

앙증맞은 미니 쿠션 52~53페이지 사진 참고

작품 크기 : 20×20cm

재료

자수용 21×21cm 리넨 원단, 12올/cm, 아이보리 색(Milpoint사 112/01번)
쿠션 뒷면용 21×21cm 리넨 원단, 12올/cm 연회색(Milpoint사 112/53번)
18.5×18.5cm 열접착시트
85cm 금색 선두름
합성 솜털

1. 아이보리 색 리넨 원단 중앙에 크로스 스티치와 백 스티치로 79페이지의 문양을 수놓습니다. 두 가닥의 실로 두 올 위에 작업합니다.
2. 자수된 원단의 가장자리를 안으로 접어 자수가 19×19cm 사각형 중앙에 오도록 합니다. 그리고 자수의 안면에 열접착시트를 덧댑니다. 쿠션 뒷면용 리넨 원단도 같은 방식으로 접되 이것에는 열접착시트를 덧대지 않습니다.
3. 선두름을 자수의 겉면 위에 놓고 밑에서부터 핀으로 고정합니다. 특수 노루발을 사용하여 러닝 스티치로 선두름을 박아줍니다.
4. 두 원단의 안면을 맞대어 놓고 핀으로 고정합니다. 쿠션 뒷면에 해당하는 원단의 네 면을 러닝 스티치로 박아줍니다. 이때 8cm의 창구멍을 마련해 둡니다. 합성 솜털을 채운 다음 슬랜팅 스티치로 창구멍을 답습니다.

감사의 말

수줍은 미소가 아름다운 마릴리즈,
항상 아름다운 사진을 찍어준 소니아 로이와 파브리스 베스,
튼튼한 Jeffytex 멜턴 원단을 아낌없이 제공해 준 PSR Quilt사,
예쁜 자수 원단을 만들어 준 Milpoint사에 감사의 말을 전합니다.

PSR Quilt사 : www.psrquilt.com
Milpoint사 : http://milpoint.com

MILPOINT사 12올/cm 리넨 원단 번호는 다음과 같습니다 :
아이보리 색 112/01 : 페이지 13, 17, 21, 23, 27~29, 31, 33, 39, 43, 48~49, 51~53, 55, 57
연회색 112/53 : 페이지 18~19, 25, 47
밝은 자연색 112/32 : 페이지 11, 15, 34~35,
강청색 112/27 : 페이지 40~41,
갈색 빛 도는 회색 CM 108 : 페이지 37, 44~45, 47

면사를 제공해 준 DMC사에 편집자가 감사의 말을 전합니다.
DMC- www.dmc.com

스타일리스트가 감사의 말을 전합니다 :
Le BHV Marais - www.bhv.fr
Les fleurs - www.boutiquelesfleurs.com
Merci - www.merci-merci.com/fr/

정통 프렌치 스타일 크로스 스티치
프랑스 야생화 자수

초판 1쇄 인쇄 2016년 1월 15일
초판 1쇄 발행 2016년 1월 20일

지은이 헬렌 르 베르
펴낸이 안종남

펴낸 곳 지식인하우스
브랜드 홈스토리
출판등록 2011년 3월 31일 제 2011-000058호
주소 121-904 서울시 마포구 월드컵북로400(상암동) 문화콘텐츠센터 5층 5호
전화 02)6082-1070 팩스 02)6082-1035
전자우편 jsinbook@naver.com
ISBN 979-11-85959-13-9 13630

* 파손된 책은 구입하신 서점에서 교환해 드립니다.
* 책 값은 뒤 표지에 있습니다.